東洋の偉人×賢人の知恵

心に響く名言100

ONE HUNDRED GREAT WORDS FROM ORIENTAL

遠越 段

SOGO HOREI PUBLISHING CO., LTD

はじめに

名言を本にして出すことほど、やりがいのある仕事はありません。

名言を選び、解説、コメントを書くということ。名言の一つひとつが、説得力を持って私を圧倒してきます。

一つの名言から、それを言った偉人、賢人の背景、人生、時代、その他の作品群、そして私自身のこれまでの失敗だらけの人生などが次々に思い出されてくるのです。

言葉は不思議です。そして、言葉は財産です。

また、言葉は私たちの心と力の源泉です。

その言葉を使って文章がつくられ、本が書かれ、文化も形成されていきます。この中から私たちの心に響き、大切な宝物のようになっていく名言と呼ばれるものが生まれてきます。

名言を味わったり、声に出したり、暗記したり、人に書いてあげたりすることは、私たちの貴重な人生をとても豊かにしてくれます。

しかし、案外、人は名言を正確に覚えないことも多く、曖昧に「ああ、たしかこういうのがあったよね」と言い合ったりするようです。

これは実にもったいないことでもあります。

自分の気に入った名言を繰り返し読み、声に出し、暗記することは、私たちの大きな力となってくれるのです。

まず第一に、自分の核となる心を高め、磨いてくれることになります。ともすれば、目先の細々としたことに目と心を奪われがちな現代において、特に重要なことです。

第二に、言葉についてより正確に取り扱う習慣が身につき、思考も正しく行われるようになっていきます。

第三に、名言を契機にして、日本やそれぞれの国の歴史や文化、偉人のことなどをよく理解できるようになります。

第四に、名言には人を変える力が大いにあります。一つの名言に出会うことで、まったく新しい自分に生まれ変わる人もいるくらいです。

第五に、名言を繰り返し読み暗記することで、脳を刺激し、頭の働きを活発にすると言われています。

このように大いなる力を有する名言を、本書では100収録しています。そして本書では、私たちの身近なアジア、東洋の国々の名言を取り上げています。

まず、私たちが一番身近にしている日本の名言を一番多く紹介しています。

次に、日本人にとっても切り離せない財産となっている中国の古典の名言を多く取り上げています。なるほど中国以上に日本人の心に沁み入っていると思われる名言がたくさんあるのがわかります。

さらには、歴史的にも、また、これからもずっと密接な関係を保つであろう隣国韓国の名言を引用しました。日本からたくさんの本が韓国に紹介されているのに対し、韓国の名言が日本にあまり馴染みがないことに、少し驚かされました。これからもっと広めるべきかもしれません。

しかし、それ以上に寂しいのが、他のアジア、東洋の国々の名言です。それぞれの国には、負けず劣らず同じようにすばらしい名言があります。それを自国の人たちのみならず、他の国々の人たちが理解し、味わい合うことが、お金もあまりかけず、しかし中身の濃い、本物の国際理解と言えるのではないでしょうか。割合は少し少ないですが、日本、中国、韓国以外のアジア、東洋の国々の名言もできる限り収録しました。

本書を読まれたのをきっかけに、読者の皆様がそれぞれに気に入られた名言を集めていっていただけたら、すばらしいことだと思います。

遠越　段

目次

第1章 心を高める 強い意志を持ち、やり抜くと決意する

第2章 人格を磨く 自らに厳しく、自己鍛錬を欠かさず続ける

第3章 学びを得る 学びなくして真の成長はない

第4章 人との絆

信頼と優しさ、思いやりが人生を彩る

第5章 愛、恋愛 人への尊い思いが幸せを導く

第6章 志を立てる

一度きりの人生を意義あるものにする覚悟を

第7章 日本から世界

まず日本を知り、世界に羽ばたいていく

第8章 夢や希望

未来に向かって情熱を燃やし続ける

第9章 本物の力

強い信念、心意気が人を動かす原動力となる

ブックデザイン／木村勉
DTP／横内俊彦

第1章

心を高める

強い意志を持ち、
やり抜くと決意する

001

敵を知り、己れを知る

彼《か》れを知り己れを知れば、百戦して殆《あや》うからず。
彼れを知らずして己れを知れば、一勝一負す。
彼れを知らず己れを知らざれ戦う毎に必ず殆うし。

孫子（中国春秋時代の兵家）

現代語訳

敵のことを知って、自分のことを知るならば百回戦っても百回勝てる。自分のことを知って敵のことを知らなければ、一回勝っても一回負ける（五分五分）。敵のことを知らず、自分のことも知らなければ、どの戦いも負ける可能性が高いだろう。

人生は戦いであると言っていい。

人に勝ち、自分に勝つことを目指すものである。

現代社会においては、美しい言葉を並べる人がいて、人生が戦いや競争ではなくて、慈しみ合う社会、そして思いやりのある人間関係だけを強調する人もいる。

特に日本においてはその傾向が強い。しかし、こういう甘い言葉に欺《だま》されてはいけない。基本にあるのは競争であり、戦いなのである。

ただ、その競争や戦いに勝っていくというためには、自分の力だけでは足りないから、他人の助けや協力がいることになる。フェアな精神も求められる。

そこで他人への思いやりが求められるのである。

しかし、出発点は自分自身の「勝つぞ・負けないぞ」という気概なのだ。ここは忘れてはいけない。

孫子は、敵に勝つための方法を詳しく述べた兵法書の古典であり、今でも有用の書として評価が高い。それはまた競争社会に生きる私たちの人生にも役立つものである。

ここで紹介した一節も素晴らしい。

002

自分の光を放つ

**日の光を藉《か》りて照る大いなる月よりも
自ら光を放つ小さき灯火《とうか》たれ。**

森鷗外(小説家・軍医)

現代語訳

太陽の光を借りて照っている大きな月よりも、自分から光を放つ小さな灯火でありたいものだ。

日の光を借りて自分を大きく見せる人は多い。人間の弱いところでもある。

たとえば、大きな会社の幹部エリートとか、官庁のキャリア組といった人たちはその典型である。

若いころ新聞社の政治部で仕事の手伝いをしたことがある。若い記者ほど偉そうにしていると、ある老記者が言った。

「四十代になるまで、自分が世の中を動かしているとのおごった気持ちがどこかにあった。しかし、それは大きな間違いであったとだんだんわかってきた。自分は世の中に何か生み出したものがあっただろうかと淋しくなった」と。では、自分を戒め、日の光を借りるのではなく、自分の光を放つためにはどうすればよいのだろうか。

一つのよい方法は、自分を取り戻すための何かを見つけることであろう。いくら地位や権力をいばっていても、リタイアする時は来る。この時のギャップを考えても、これは必要ではないだろうか。

森鷗外が陸軍軍医として組織の中でトップを走り続けつつも、文筆に打ち込んでいたのは、本来の自分を見失わないためであったのではないか。自分の力で光を放ちたいという意欲からではないかと思っている。

003

後悔しない心を持つ

われ、事において後悔せず。

宮本武蔵（江戸時代初期の剣豪・武芸家）

現代語訳

私は、自分の選んだ人生に決して後悔はしない。

宮本武蔵ほど、現在でも人気のある剣豪はいない。

誰も見たわけでもないのに〝史上最強〟と信じている人も多い。

一つには、彼が残した兵法書『五輪書』が、今も研究の対象とされていることからだろう。

もう一つは、吉川英治の小説『宮本武蔵』が長く人気を持ちつづけ、それをもとにしたマンガ「バガボンド」（井上雄彦）も大人気となっているからだろうか。

吉川英治は、宮本武蔵の有名な遺文『独行道』は、題名のとおり他人への教えではなく、自己の反省のために書いた座右の誡《いまし》めであると述べている。だから、「われ事において後悔せず」というのは、「彼がいかにかつては悔い、また悔いては日々を重ねて来たかを、ことばの裏に語っている」（『われ以外みなわが師』大和出版）というのだ。

宮本武蔵ほどの人物でも後悔しがちであるということを知ると、ホッとすると同時に、もっと私たちは自分で決めて覚悟して歩んできた人生、やったことに後悔するな、と言い聞かせるべきであるということだ。

004

絶対にあきらめない

世の中で一番はびこっているいけないことは、「できるわけがない」とすぐに線をひいてしまい、あきらめることである。

鄭澈（李氏朝鮮中期の詩人）

偉人伝を読んでいて思うのが、そういう人たちは、絶対にあきらめないという人たちだったということである。

有名なヘレン・ケラーの伝記を読んで感動するのは、ヘレン・ケラー自身の決してあきらめない生き方と、サリバン先生の絶対にあきらめないという熱意である。

サリバン先生の人生も大変なものだった。

目が見えない、耳が聞こえない、話すこともできない、言葉も知らない7歳の女の子に言葉と躾を教えていくのだからその苦労は想像を絶する。しかし、サリバン先生はこれをやり抜いた。

そしてハーバード大学の女子部を卒業して、世界中の体の不自由な人たちを助ける運動を起こすのである。

常識ではできないことばかりをあきらめずにやりとげていくヘレン・ケラーとサリバン先生の人生を見るとき、よいことをするには、絶対にあきらめないことが大切だとわかるのである。

005

たのもしい人

鎌倉時代からの武士たちは、「たのもしさ」ということを、たいせつにしてきた。人間は、いつの時代でもたのもしい人格を持たねばならない。人間というのは、男女とも、たのもしくない人格に魅力を感じないのである。もう一度くり返そう。さきに私は自己を確立せよ、と言った。自分に厳しく、相手にはやさしく、とも言った。いたわりあうという言葉も使った。それらを訓練せよ、とも言った。それらを訓練することで、自己が確立されていくのである。そして、〝たのもしい君たち〟になっていくのである。

司馬遼太郎（小説家）

思いやりや優しさが大切だと言っても、その根本に〝たのもしさ〟がなければ、それは空中の楼閣のようなもので、相手もうれしいと思わないのではないか。たのもしい人が、自分のことを気づかってくれている、気にかけてくれているということがありがたいのである。

司馬遼太郎は、小学校高学年向けの教科書の中で、まず自己を確立させようと述べている。その「自己」とは「自分に厳しく、相手にはやさしく」というものであることを求めている。

私は、この「自分に厳しく」にも二つのものが含まれていると見る。

一つは、文字通り、他人に甘えることなく、他人を犠牲にすることなく、自分をコントロールできる強い意志の力を持てということである。

もう一つは、自分の気概を絶対見失うなということだ。自分が正しいと思ったこと、やり抜いていこうと決意したことは、どんな障害や邪魔が入ろうと譲らないということである。

こうした「自分に厳しい人」にしてはじめて、相手にやさしくする意味もあり、たのもしい人ともなれるのではないだろうか。

006

無常観

ゆく河の流れは絶えずして、しかし、もとの水にあらず。淀みに浮かぶうたかたは、かつ消えかつ結びて、久しくとどまりたる例《ためし》なし。世中《よのなか》にある人と栖《すみか》と、またかくのごとし。

鴨長明～『方丈記』より（鎌倉時代の歌人、随筆家）

現代語訳

川の流れは絶えることはない。しかも水は元の水とは違っている。淀みに浮かぶ水泡も、消えたり、できたりして同じではない。世の中の人も住むところもこのようなものである。

すべてのものは無常である。これが宇宙のしくみなのであろう。だからいくら偉そうにしている人であろうが、権勢を誇っている人であろうが、必ず死んでいくのだ。これは動かしがたいルールだ。すると、人間というのは、もっと謙虚になって生きていくべきではないだろうか。

自分の力を過信してはいけないのだ。人間は宇宙の中で、大きな流れの中で、ケシ粒にもならない存在なのである。

逆に、この無常観を感じていれば何も恐れることはない。ちっぽけな私であることをよくよく感謝して、大自然の中で人の支えの中で、何とか生かしてもらうという自分を知るのだ。すると、すべてのものに感謝できるではないか。

つつましいごちそうにも感謝して食べ、おいしさを感じるだろう。近しい人たちの温かい言葉に感謝できるであろう。

自分を育ててくれた両親に、生まれてきてくれた子供に、仲よくしてくれる友人に、私たちに愛を教えてくれるペットたちに、美しい自然に、感謝して生きてゆけるであろう。

007

生きがい

「生きがい」という言葉は、日本語だけにあるらしい。こういう言葉があるということは、日本人の心の生活の中で、生きる目的や意味や価値が問題にされてきたことを示すものであろう。たとえそれがある深い反省や思索をこめて用いられてきたのではないにせよ、日本人がただ漫然と生の流れに流されてきたのではないことがうかがえる。

神谷美恵子（精神科医・作家）

人は、それぞれ生きがいを持っているはずである。

しかし、具体的に自分の生きがいは何かなどを意識していない人が多いかもしれない。

大げさに私の生きる価値は何か、大切にする価値観は何かを考えることの少ない日本人らしい言葉がこの「生きがい」という見方もある。

私は、自分の生きがいは何かを具体的に意識したくて、中学生のころから本を読んできた。そこにすぐ結論は見つかるわけがないにしても、手がかりやヒントはあるだろうと思ったからだ。

中学校の図書館で借りた本のタイトルが『生きがいについて』であった。

そのころから本によって生きがいを知ろうとしつつ、そうしているうちに本を読むこと自体も何か生きがいの一つのようになっていく自分を見出していた。

本にたずさわる仕事で、世の中に役立つことができたら素晴らしいと思った。

008

積極的な心を持つ

自分の病を情けなく思うより、病気に感謝しよう。
なぜなら病のおかげで、一所懸命人生の真理を求める
気持ちになれるからだ。

カリアッパ（インドのヨガの行者）

日本における成功哲学の先駆者的存在で、今でも根強い人気がある中村天風（本名中村三郎）は、若いころ、肺の病気を治すため世界中を回った。その間アメリカのコロンビア大学で医学も修めている。

しかし、病気は回復せず死をも覚悟し、あきらめの心境で日本に帰国しようとしたところ、エジプトのカイロで出会ったのが、後に師となるヨガの高僧カリアッパ師であった。

実際、病気になると弱気になりやすい。すると、ますます病気の回復は遅れることになる。

そこで、病気さえも積極的にとらえてみようというのがカリアッパ師の教えだった。

実際に病気をして初めてわかることはたくさんある。

自分という人間のこと、人生のこと、自分のこれからのこと、いかに普通でいられることが素晴らしくて幸せなことか、どれだけまわりの人たちに助けられて生きていられるか、などである。

病気にも学び人生を積極的に生きるべし、である。

009

一番尊いもの

天上天下唯我独尊《てんじょうてんがゆいがどくそん》

現代語訳

この世で私より尊いものはいない。

釈迦（仏教開祖）

仏教を聞いた釈迦は、生まれるとすぐに七歩あゆんで、「天上天下唯我独尊」と宣言したという。

わが人生のすべては、自分から始まるのだ。始まりである自分を大切にしないことには、よい人生は歩めなくなるだろう。

ではどう大切にするのか。

まずは自分を幸福にしなくてはいけない。

幸福になるためには、心を鍛えなくてはならないとチベット仏教最高指導者のダライ・ラマ14世は述べている。精神の鍛錬である。

それは、怒り、憎悪、食欲といった否定的な心の状態を変化させ、優しさ、慈悲、寛容といった心の状態を育むこと。幸福な人生は平穏で安定した心の状態の基礎の上に築かれるからである（以上『ダライ・ラマこころの育て方』ダライ・ラマ14世、ハワード・C・カトラー著、今井幹晴訳、求龍堂）。

こうして自分を幸福にしたうえで、次は他人に慈悲を与えなくてはいけない。

010
スピリチュアルの世界

生まれ変わり、すなわち転生についての信仰は、普遍的な愛を生じる。なぜならば、私たちを含むすべての生きものが、その数限りない生命の中で、愛する両親、子どもたち、兄弟たち、姉妹たち、友人たちであったからである。

ダライ・ラマ14世（チベット仏教最高指導者）

生まれ変わりや前世の話を信じている人は多い。スピリチュアル、あるいは霊性を尊重するのは仏教やキリスト教に限らず全世界的なものと言える。

なぜこの世界に人気があるかというと、現世における努力や善行が何らかの意味を与えられるはずだという思いと、必ずしも生きている間にそれはかなえられるものでもないことを自覚したいからだ。そうすることで心が安らぎ、不安を少なくすることもできるからである。

ダライ・ラマ14世はこう述べている。「私たちは充分な理由があって、さまざまな形をしたすべての生きもの（動物も、人間も）は、死後、生まれ変わると信じている。それぞれの一生において経験する苦しみと喜びの比率は、その人が前世においてなした善行と悪行によって定められる。もっとも、現世におけるそれぞれの努力によって、その比率を変更することができるかもしれないが。」（『チベットわが祖国―ダライ・ラマ自叙伝』木村肥佐夫訳、中公文庫）。

011

絶対に負けない

勝つまでやる。だから勝つ。

安部修仁（元吉野家社長）

勝つと決めて、死ぬまでやり続ければ負けることはない。

必ず勝つとの信念は、必ず勝つ結果をもたらすことが多いのはそのためである。

敗因で一番多いのは、勝ちがすぐそこまで来ているのに、本人は気づかず、その辛さに耐えかねてあきらめてしまうというものだ。

二番目に多いのは、ハナからあきらめて挑戦しないことだ。

この二つの敗因に勝つには、「勝つまでやる」と決めてしまうことだ。

自分に必ず勝てるという信念があれば、どこまでも努力をし続ける。それでなら悪い結果が出るはずがないのだ。


たかが牛丼と言うなかれ。

世のビジネスパーソンのお昼の腹を満たし続ける、日本の社会人にとってはなくてはならないものだ。そして、今もなお、牛丼日本一、世界一を賭けた戦いは、続いていく。「勝つまでやる」と決めたら、勝つまでは絶対にやめられない。みなそうだからこそ、切磋琢磨しあってみなが高まっていくのだ。

012

まずは自分が最高だと思え

同じ人間に生まれたのである。
誰に劣るなどあろうものか。
すべて修行は、大高慢に自分以上の者はいないのだと
思い上がるほどでなければ役に立つわけがない。

山本常朝〜『葉隠』より（江戸時代の武士）

自分こそ人生の主役である。

だから、自分が最高の人間と思うべきである。また、自分が一番になってやる、最高の人間になってやるという人は、必ず役に立つ人となる。

まわりを見れば、すごい人がいる。名高い人もいよう。しかし、同じ人間のはずだ。自分が負けてなるものかと本気で決意すれば、その人はもうすごい人のライバルだ。負けるなと「葉隠」は述べる。

一方で、「葉隠」は、本当に最高の人になっていくために、人にいろいろ聞いて学んでいくことをすすめている。

独断では根のない大木となってしまうというのだ。

「葉隠」というのは、佐賀、鍋島藩の山本常朝という武士が晩年語ったものをまとめたものだが、この人は、生きている間、オレが一番、オレを出せ！　と気張って生き抜いた。

そして本当に役立つ人間になろうと武士道を貫いた、あっぱれな武士としての一生を送った。

第2章

人格を磨く

自らに厳しく、
自己鍛錬を欠かさず続ける

013

自分を磨きつづける

一苦一楽して相磨練《あいまれん》し、練極《れんきわ》まりて福を成さば、其の福始《はじ》めて久《ひさ》し。一疑一信して相参勘《あいさんかん》し、勘極《かんきわ》まりて知を成さば、其の知始《はじ》めて真なり。

洪自誠～『菜根譚』より（中国明代の著作家）

現代語訳

苦しんだり、楽しんだりをくり返して自分を磨き、磨いた結果が最高によくなって幸福が成就すれば、そのような幸福にして始めていつまでも続くものとなる。また疑ったり、信じたりをして考え抜き、考え抜いた結果が最高によくなって知識が身につけば、そのような知識にしてはじめて本物である。

まったく世の中は不公平だ、と思う人たちも多い。はたしてそうだろうか。不公平だと思うことのほとんどが財産や地位、権力のことであろう。それに、頭のよさや身体能力の高さも加えることもできようか。ところが実は、ここに落とし穴がある。

自分が苦しんだり耐えたりして、世の中の大変さと偉大さを知って得たものはその存在も揺るぎない。こうして手に入れた幸福だけが真の幸福なのだというのが、『菜根譚』の教えだ。

お金持ちの家に生まれたからといって、ちょっとした運だけでよい地位についている人が、ずっと幸せでいられることは少ないということだ。

同じく、知識や知恵といったものも、人生の真理というようなものも、書を読み、人に尋ね、自分に問いつつ、疑ったり信じたりして考え抜いてこそ、本物の知識や知恵となり、人格もできあがっていくのだ。

結局、必要なのは日々の絶え間ない自己練磨であるのだ。

エサに飛びついて失敗しないよう、落とし穴に落とされぬように自分を磨き続けなくてはいけない。

014

自らが変わるしか人を変える方法はない

他人に変わってほしければ、
あなたが自ら率先して変わるべきだ。

マハトマ・ガンジー（インドの政治指導者）

インドの偉人、ガンジーの言葉には迫力がある。真実もある。インドは歴史もある大国であるが、ガンジーとしては何としても変えなければならなかった。

そのためにやったことは、自らを変えることだった。頑固に自らを変えることで国民を変え、そしてついにはイギリス本国をも変えていった。日本や欧米では、ちょっとした闘争で変わることも多いかもしれないが、インドのように古いしきたりが頑固に続くところでは、ガンジーのように地道かつ心の底から変えるという方法しかなかったのだろう。

結局、人間を本当に変えるには自分がまず変わるしかないことを示してくれた。ガンジーは「世界に変化を望むのであれば、自らが手本となれ」とも言っている。自分が変わると人も世の中も世界も変わるかもしれない。それくらいの覚悟が必要だとガンジーは言い、自ら示したのだ。

015

敬天愛人

道は天地自然の道なるゆえ、講学《こうがく》の道は敬天愛人《けいてんあいじん》を目的とし、身を修するに克己《こっき》を以て終始せよ。己れに克つの極功《きょくこう》は「意《い》毋《な》く、必《ひつ》毋《な》く、固《こ》毋《な》く、我《が》毋《な》く」（論語）と云《い》えり。

西郷隆盛（武士・幕末から明治初期の政治家）

現代語訳

道は天地自然の道理であるから、学んでいくには敬天愛人を目的とし、自己修養は自分に克つということをいつも心がけなくてはいけない。自分に克つために最も重要なことは、論語にあるように「勝手に推測しない。無理強いしない。固執しない。我ばかり通さない」ことである。ほとんどの人は、自分に克つことで成功し、自分を愛しすぎて、だめになっていくのである。

西郷隆盛の「敬天愛人」は、多くの人が座右の銘とし、その書を額に入れて部屋の壁などに揚げていたりする。

「敬天愛人」とは天を敬い人を愛することである。天を敬うとは、天の自然の摂理、法則を尊ぶことであろう。私欲による間違ったことはしまいという覚悟のため、これを学ぼうというのだ。

西郷はさらに自己修養として自分に克つことを心がけることを求めている。

人は、自分に負けると必ずやだめな人間と成り下がるのだと厳しい。

そのために重要なこととして論語の教えを引き、次の注覚を与えてくれる。

①自分勝手な推測をするな

②人に無理強いをするな

③物事に固執しすぎるな

④自分の我ばかりを通すな

である。

016

できる人の聞き方

人間一人の知恵才覚というものはきわめて頼りないものので、だからこそ、迷ったときはもとより、何ごとにも積極的に他の人の知恵を借りることが必要です。決して自分のカラに閉じこもっていたり、頑迷であったりしてはならないと思います。しかし、人の意見を聞いてそれに流されてしまってもいけない。聞くべきを聞き、聞くべからざるは聞かない。そのへんがなかなかむずかしいところですが、それができれば、お互いの人生の歩みは、より確かなものになっていくのではないでしょうか。

松下幸之助〈松下電器産業〈現Panasonic〉創設者、実業家〉

松下幸之助の長所は、自分を見失わずに聞いた話を真剣に考え抜いて、役立つものは必ず実践しようという態度だと思える。だから、話し手は喜ぶうえ、自分の仕事も人生も大いに向上するのだ。

驚いたことに、松下幸之助でも心さみしくて、ときどき世の中を悲観するような感じにおそわれることがあったという。凡人の私たちにはよくあることだ。これを友人に尋ねたら次のように言われ、よく納得できたという

「君は喜びを知らないんだ。もののありがたさを知らないんだ。ぼくはそう思う。今の君の境遇は、ぼくから見ればきわめて恵まれている。けれども君は、それをそう恵まれた結構なことだとは考えていないようだ。そればかりか君自身が生きていくために欠かすことのできないもの、例えば空気といったものが、こうしてふんだんに与えられているということもありがたいと感じていないと思う。だからそのようなさみしさに陥るのだよ。もしそのことに気づいて、ああ、ありがたいという気持ちになれば、この世の中は非常に楽しいものだということになって、少しぐらい心を煩わすような問題が起こっても、勇気凛々ということになると思うんだがね」（『人生心得帖』ＰＨＰ研究所）。

017

生を愛すべし

秋艸堂学規《しゅうそどうがっき》第一則

一、深くこの生を愛すべし
一、省みて己を知るべし
一、学芸を以って性を養ふべし
一、日々真面目あるべし

会津八一（大正・昭和の歌人・美術家・書家）

現代語訳

一、わが命とわが人生を深く愛そう。
一、よく自分を見つめ、自分を知ろう。
一、学問と芸術に親しみ、豊かな精神をつくろう。
一、毎日、自分のよいところを引き出そう。

学生時代、早稲田大学構内にある演劇博物館でよく会津八一の書が展示されていた。有名な学者であり歌人であり書家とは知っていたが、教育者としても素晴らしい人であったのは、後になって知った。

〝秋艸堂学規第一則〟の特に「深くこの生を愛すべし」という言葉は、私たちの心に響くものがある。現代語訳するよりも、このまま覚えたいと思うのは、私だけではないだろう。

この言葉を読んで、自殺を思いとどまったという若い人もあったという。

どんなにつらいこと、大変なことがあろうとも生きていれば何とかなるものだ。死んだつもりになれば大抵のことは我慢できる。

そして自分に与えてくださった生命、生きているこの現実を愛すべきだ。つらいことも含め、この現実を愛し、大切にし、前に進んでいけば必ず光明が見えてくる。喜びも見えてくるにちがいないのだ。

018

瑣事を大切にする

人生を幸福にするためには、日常の瑣事《さじ》を愛さねばならぬ。人生を幸福にするためには、日常の瑣事に苦しまなければならぬ。

芥川龍之介（小説家）

志を持つべきだ。人生の目標は大きく立てるべきだ。

しかし日常の瑣事を疎かにしてもいけない。瑣事ができなければ何もできなくなるからだ。

そしてコツは、瑣事を愛するということである。日常の瑣事を否定することは、人生そのものがうまく生きていけないことになる。

大切なのは、小さな約束事をきちんと実行していくことだ。

たとえば、親切にしていただいたならば心を込めてお礼を言う。手紙が来たら速やかに返事を書く。時間を決めて待ち合わせたら必ず間に合うようにするのだ。時間に遅れてきても何とも思わないような人は、芥川龍之介も述べるように幸福になれないだろう。

人は他人のことを考えて人生の瑣事にがまんしなくてはならないことも多いのだ。自分の都合だけではいけないのである。

だから人の無駄話も聞いてあげる（苦しむこともあるだろうが）時も必要なのだ。

人生は持ちつ持たれつの事で成り立っている。

019

変わる勇気

君子《くんし》は豹変《ひょうへん》す。

易経（五経の筆頭経典）

現代語訳

君子（立派な人物）は、豹の毛皮が抜け変わるように見事に変わることができる。

〝豹変〟の元来の意味は、鮮烈なほどの自己改革を誉め讃えるものであった。中国では古代、豹の文様は虎の文様よりも美しいと見られていたようだ。

ところが、〝豹変する〟というと、現代の日本では、以前の態度を突然変えて居直ったり、人を裏切ったりするような場合にも使うようになった。どちらかといえば悪いイメージがある。

ここでは元々の意味を玩味《がんみ》したいと思う。

人が自分の悪いところに気づいて、これをすぐ改めることができれば、この人は、素晴らしい人に違いない。

悪いとわかれば変える勇気こそ、君子の君子たるゆえんなのである。

ただし、いつも変わってばかりで芯のない人というのもいけない。こういう人は他人の目ばかり気にしていて、確固たる自分の価値というものを大事にしていないのである。君子、つまり本物の人物と言われるには、自分の大切にする価値を見つけそれを育てていく人であり、その目的のためによいものはどんどん取り入れるという人である。

仁者《じんじゃ》は俗《ぞく》を嫉《にく》むの心《こころ》少《すく》なし。

伊藤仁斎（江戸時代前期の儒学者、思想家、古義学派の創始者）

現代語訳

仁のある人というのは、人々の風俗や日常の生活をみだりに非難・蔑視しない。

人間力という言葉が使われるようになったのはいつからだろうか。

私は、人間力の大きい人とは昔の表現でいう仁の人であろう、と思う。それをより具体的に言うならば、伊藤仁斎が言うように「俗を嫉まない」人、つまり、他人の風俗や日常の生活のことをみだりに拒否しなくて受け入れてあげる、心の度量がある人ということになるのではないだろうか。ズバリ「愛の量がとても大きい人」と言ってもいいと思う。

人はとかく、他人には厳しい。なかんずく自分の生活習慣に合わないというだけで、認めないという人もいるだろ。しかし、こういうものを一刀両断に切り捨てる人は人としての器が小さいと言うべきである。

案外、伝統的に日本人の持つ欠点はこのあたりにあるのではないかと思う。

日本人というのは、世界の中で優秀かつ恵まれた人たちであると認めるが、人間の多様性を素直に認めることができずに、画一的な意見、考え方に支配されやすい傾向が強いように思う。

私たち日本人はもっと仁者になり、普段から人の多様性、人の自由性を認める人間になるべきではないかというのが、伊藤仁斎以来のテーマなのであろう。

021

自分の使命はもっと高いところにあると考えよ

人たる者は、ただ一身一家の衣食が不足ないといって
自分を満足させてはいけない。
人が天から与えられた使命はもっと高いところにある。
人間社会の仲間に入り、
その立場でもって社会のために勉強し、
貢献していくのである。

福沢諭吉（慶應義塾創設者・思想家）

福沢諭吉というのは不思議な人だ。

実理主義者、合理主義者であることは間違いないのだが、やはりそれに加えて天下、国家を論じ、若者を育て、社会、国家に役立てと教えた。

孔子などを平気で批判し、儒学に偏る学問には批判的であったが、自らは、その素養は十分にあった。

福沢と同じように西洋の文明、学問を学び取り入れようとした島津斉彬も、「四書五経」は小さいときに徹底的に学んでいる。

日本人のよさは、儒学や日本古来の思想のみならず、仏教や西洋の学問のよいところも柔軟に取り入れていくところにあるのであろう。

その上で、福沢が強く述べたように、自分だけ、自分の家族、仲間だけがよければいいという人間になるなという、しっかりとした人間観を教えていくのだ。

こうした福沢たちが教えた正しい人間観を、私たちは次の世代へとつないでいく義務があるのである。

022

自分を見つめる習慣

五省

一、至誠にもとるなかりしか
一、言行に恥ずるなかりしか
一、気力に欠くるなかりしか
一、努力に憾みなかりしか
一、不精にわたるなかりしか

東郷平八郎（明治・大正期の海軍軍人・大将・元帥）

現代語訳

一、誠実さを失っていることはなかったか
一、言葉と行動に恥じるところはなかったか
一、気力に欠けているところはなかったか
一、努力に満足できているか
一、何をするにもめんどうくさがっていないか

人は案外、自分のことが見えない。

他人の評価は冷静にできるが、自分自身には甘くなってしまうのである。

そこで、人間的に成長し他人に認められるほどの人は、何らかの自分をチェックする方法を持っていることが多い。有名な例としてベンジャミン・フランクリンの13徳のチェック法というものがある。

「節制」「沈黙」「規律」「決断」「節約」「勤勉」「誠実」「正義」「中庸」「清潔」「冷静」「純潔」「謙譲」についてチェック表をつくり、手帳に貼って一日の終わりに確認するのである。これを取り入れた欧米人は多かった。

日露戦争の日本海海戦でロシアのバルチック艦隊をパーフェクトに破り、英雄として世界的に有名となった東郷平八郎がつくったと言われている「五省」は、日本人の中で人気があった。実際にこれを壁に掲げている人もいただろう。

これを毎晩寝る前に眺め、一つひとつを確認するだけでもずいぶん心の修養になり、人格的にもすぐれていき、現実生活でも人に頼られるほどの力を持てるようになるのではなかろうか。

人は言葉を基礎にして成長していく生き物だからである。

023

国の宝と言える人

一隅《いちぐう》を照らすもの これすなわち国宝なり

最澄（天台宗開祖）

現代語訳

世の中のほんの片隅でもいいから、明るくしてくれる人こそが国の宝である。

今こそ、最澄の名言を噛みしめる時代ではないだろうか。

インターネットがある種巨大化し、情報をすぐ手に入れることのできるこの時代、人々は一見華やかに活躍している人を賞讃しがちである。

特にウェブの世界において巨額のお金を手にする若者、スポーツや芸能の世界におけるスターたちが、まるで時代のヒーローのように取り扱われている。

そして、子供たちも憧れを持つ。これはこれでいい。しかし、もっと大切なことがある。それは、私たちの国や社会を本当に支え、進展させていくのは何かということである。

結局、世の中は自立した人の、前向きでしっかりした生き方によってよくなっていくのである。

一人の人間のやることの範囲は、小さいかもしれない。しかし、この小さい基礎がないと何も始まらないし、完成もしない。

まじめに日々を暮らし、仕事に打ち込み、本を買い、そして読み、人格を練り、まわりの人たちに元気よく声をかける人、明るく励ます人、こういう人こそが真の国の宝なのである。

第3章

学びを得る

学びなくして真の成長はない

024

学び続ける喜び

子曰《いわ》く、学んで時にこれを習う。亦《ま》た悦《よろこ》ばしからずや。朋《とも》あり、遠方より来《きた》る。亦た楽しからずや、人知らずして慍《いか》らず。亦た君子ならずや。

孔子（中国春秋時代の思想家・儒教始祖）

現代語訳

孔子は言った。学んで、時期を決めてみんなと勉強会を開くのは、いかにも楽しくてうれしいことだ。友だちが遠いところから訪ねてきてくれることは、こんなにうれしいことはない。たとえ人が自分のことをわかってくれなくても気にしない。そういう人間になりたいものだ。

人は学ぶ生き物であり、成長したいと願う生き物である。その意欲の強い人、そして現実に実践していく人というのは実に魅力的なものである。自分の限界に挑戦し、自分に勝つための努力を怠らない人は素敵である。これは何も学問だけの話ではない。仕事においても、スポーツにおいてもあてはまることができる。

日本においてラグビーというスポーツは、現在野球やサッカーほどの人気はない。しかし、その歴史はどのスポーツにも負けぬものであり、世界的に見れば、かなり注目度が高い。

日本のラグビーはこれまで大学ラグビーに人気が集中してきた。中でも〝早明〟と呼ばれる早稲田と明治の戦いが数十年以上も熱い注目を浴びてきた。それはなぜか。それは自分たちのラグビースタイルを研究確立し、継承と発展をつづけ、いかにして相手に勝つか、切磋琢磨してきたからである。

いかに「勝つ」かを極限まで学び、練習する。しかし、その過程こそが美しい。そうした仲間こそ最高である。スポーツにしろ、その他の人生にしろ、誠実に打ち込んでいる人は、必ずいつか他人に理解される。よい友も得られるのである。

少《しょう》にして学べば壮《そう》にして為す有り。壮にして学べば老《ろう》にして衰えず、老にして学べば死しても朽《く》ちず。

佐藤一斎（江戸時代末期の儒学者）

若い時に学ぶと壮年になってよい仕事ができるようになる。壮年に学んでいれば老年になっても実力は衰えない。老年になっても学んでいれば、死んでもその名は残るのだ。

勉強は社会に出てからこそ求められる。つまり二十代からは不可欠のものになる。世の中でよい仕事をした人のほとんどは二十代からの勉強を真剣にやった人なのである。第二次大戦時のイギリスの英雄チャーチル首相は二十代に入って始めて勉強の大切さを知った。本を読みまくり勉強を始めたのである。その時、彼は軍人となっていた。その後はずっと勉強を怠らず、晩年も名文筆家として名を成し、ノーベル文学賞を授与されている。

しかも、死ぬまで勉強を怠らない彼は、イギリスの誇る人物として生き、死後もたくさんの伝記が出ている。日本でもいまだに人気がある。

作家の吉川英治も実業家の松下幸之助も学歴はない。しかし、自分の学問の不足を、日々の仕事と生活の中でいろいろなものから学び取り、書をひもとき、考え抜いていくという態度をとり続けて、大きな仕事を残していった。

佐藤一斎の名言はまさにこのことを教えているのだ。

026

われ以外みなわが師

僕は歴史上の人物、故人というものは決して死んだ人でないと考えている、何時でも今日の社会の情勢に応じて、つまり声を上げて呼べば、歴史上の人物というものは地下に生きて来て日本の文化を手伝っている。

吉川英治（小説家）

国民的な大作家である吉川英治の名言に「われ以外みなわが師」というのがある。苦労の人、吉川英治にこそ放つことのできる言葉である。

吉川英治は、11歳の時から父の会社経営失敗、そして父の病気のため家計を支えるために働きに出た。ハンコ屋の小僧から、植字工、人夫、税務署の給士、行商人などを経験する。あまりの貧しさから父や母そして幼い兄弟たちの食べ物を確保するために、じゃがいも泥棒までやったという。

その後上京し、30歳になって東京毎夕新聞の記者となる。ここの社長の命令で『親鸞記』を連載執筆したのが一つの転機となった。準備もほとんどなしに書き始めた小説だが、家族を養うためにとにかく必死に書いた。

自分の若きころの苦労と体験、そして人との出会い、母の愛、愛する人たちとの暮らし、すべてを小説にぶつけ、また小説に学んだ。歴史に学び、歴史上の人物に今の時代の生き方を教わったのだ。

吉川英治の生き方は私たちに〝学ぶ力〟の大切さを教えてくれている。

027

読書力

読むことを覚えるということは、社会が教育を通じてその成員に強制する行為である。しかし、読書に没頭する行為の中には、これよりもう少し深い意味が隠されている。つまりそれは、なにがしかの危機の自覚から生まれ、それを乗り越えようとする、自分にも充分には意識されていない意欲に結びついた行為である。したがってそれは、決して受け身ではあり得ない。むしろ能動的で積極的な精神の営みであり、生きる意志の反映だとさえいえるのである。

江藤淳（文学者・文学評論家）

読書力は、その人の人間としての自立する意志の力の反映である。

読書はまず母や父の読み聞かせから始まり、学校ではテキストの勉強で学んでいく。そのうちに読書自体のおもしろさに気づき、本を読みたいと意欲するようになってくる。あるときは学校の勉強を放っておいて熱中することもある。

社会に出ると、さまざまな問題に出会う。自分の心の葛藤も出てくる。心を修めたり、心を楽しませたくもなる。心を豊かにすることが喜びだとわかるようになってくる。

読書は、このように、自分を励まし、自分に欠落した何かを埋めるためにも存在している。

さらに言わせてもらえば、私たち日本人の心を磨き、浄化してくれるのは、読書ではないかと思うのだ。

古今東西の本の中から自分に必要だと思われる本を探し続ける。そして毎日本を読み続ける。こうした読書を続ける人こそ、心豊かになり社会への貢献者にもなっていくのだろう。

028

お酒を知る

通を称する人たちが「通ぶって」いるのは、はた目には奇妙で、滑稽なことです。あるひとつのことに、こうしなくては、あるいはこうでなくては、と思い込んで、自分自身をがんじがらめにしてしまうのは窮屈なはなしです。慎重に、丁重に、しかし気楽にワインと親しみたいものです。

辻静雄（フランス料理研究家）

海老沢泰久著『美味礼賛』（新潮文庫）は、丸谷才一、向井敏ら文章の達人たちが絶賛する本である。

フランス料理を中心に、世界の料理や酒を本格的に日本に紹介しつづけた辻静雄を主人公にした本である。私たちのまわりにたくさんいる困った、通ぶる人をこてんぱんにやっつけてくれておもしろい。私もワイン通の高級官僚、外交官たちと会食を伴にし、税金で高いお酒の味を覚えた人たちのその通ぶりを苦々しく思ったことがある。

ワインも他のお酒もあるいはあらゆる芸術においても、大切なのは個々人の楽しみ方であろう。見せびらかしたり、わけ知り顔は迷惑な話なのである。これは、自分自身にも戒めとしなくてはいけない。

日本人の情報への敏感さ、批評好き、またブランド好きから〝通〟の人が溢れるのは仕方ない面もある。

しかし自分の舌、自分の目、自分の考えを大切にするということも忘れずにいたい。

029

思いが人生をつくっていく

私たちの現在は、すべて私たちがこれまで考えてきたことの結果である。これからも私たちは、自分たちが考えたようになっていくのである。

釈迦(仏教開祖)

釈迦の言葉には素直に肯《うなず》いてしまう。

釈迦は、自分たちの人生というのは自分の心と頭で思ったことでつくられているんだよ、ということを教えてくれている。

人生の真実は物やお金や地位ではなくて、心であり、精神なのだということであろう。

また今の自分というものがお金まみれであったり、物欲のかたまりであったり、色狂いであったり、あるいは質素な生活をしていたり、貧しさにあえいでいたりすることもすべて自分の思いがつくっていることなんだよ、ということであろう。

さらに釈迦は言う。

これからの未来の自分も、自分の心や思いがつくっていくのだから、より正しい生き方をすることができるんだよ、と。

であるならば、今の自分に不満足であれば、自分の考えや心を変えていけばいいということになる。自分の内面を自分の考えるよい方向に育てていけばいいのである。

本を読むのに
どうして場所を選ぶ必要があるのだろうか。

李退渓（李氏朝鮮中期の儒学者）

本を読むことがいかに意義あることかをまず自覚したい。

通常、本は読んでいるうちに、おもしろくて仕方ないというようになるものだが、仕事で忙しいとき、受験勉強をしなくてはならないとき、人生の厳しい時期などには本を手にする機会が減ってくることがある。

だから一番よいのは、必ず自分の持てる時間と場所を持ち、短時間でよいからそこで毎日読書することである。

二宮金次郎が歩きながら（仕事の行き帰りに）読書した逸話は有名である。たしかに歩きながらでも読めるものだ（ただし、車には注意すること）。

これは現代に置き換えると通勤・通学路での読書といえる。通勤時間が30分以上の人は、往復で毎日1時間以上の読書ができることになる。これを利用しない手はないだろう。

お風呂やトイレの中での読書を楽しむ人もいる。休日の時間がある時はゆったりした気分で読める。

人生のハードタイム（つらい時、大変な時）は、本を読むのもつらいが、普段の読書がこの時こそ役立つものである。

031

歴史を学ぶ必要性

私たちがどこからやって来たのかを知らない者は、決して目的地にもたどりつけないだろう。

ホセ・リサール（フィリピン独立運動の闘士・医師・作家・画家）

未来を知りたければ歴史を学べとよく言われる。

人間社会の未来を信じ、よりよき社会をつくりたいと願う人たちがいる。その人たちがいてくれて社会もよくなるし、発展もする。しかし、理想に向かうときそれを阻むのも人間なのである。

まず自分の国をよく学ばなくてはいけない。私たちの先組はどうやってこの国に立ち、どうやって生き抜いてきたのか。それが自分のアイデンティティを確立することにもなる。

特に日本人は外国との直接交渉やもめごとを経験する人は少ないため、自分の国ということを意識することは少ない。これは幸せなことではあるが、もし時代が急変し、外国の人々と丁々発止のやりとりをしなければならない時、自分を見失うことにもなる。幕末の江戸幕府の役人を見ればよくわかるだろう。

外国で暮らしたり仕事したり留学する人は、そこで初めて自国とその歴史に誇りを持つ傾向が強くなるという。自分の存在根拠を確かめるからである。

第4章

人との絆

信頼と優しさ、思いやりが人生を彩る

032

さよならも人生

君に勧《すす》む　金属卮《きんくつし》
満酌《まんしゃく》　辞する須《もち》いず
花発《ひら》いて　風雨《ふうう》多し
人生　別離《べつり》足《た》る

現代語訳

君にこの酒をつがしてくれ。
なみなみとついだこの酒を遠慮しないでほしい。
花が咲いても雨や風もあるではないか。
さよならも人生なのだ。

于武陵（唐の詩人）

人生は出会いである。と同時に別離でもある。

これが人間の宿命とも言える。しかし、これを嘆き悲しむばかりしてはいけないのだ。別離があるから、出会いもある。

ここで紹介した于武陵の漢詩を井伏鱒二が訳している。名訳とも言われる。ここに紹介したい。

「コノサカヅキヲ受ケテクレ

ドウゾナミナミツガシテオクレ

ハナニアラシノタトエモアルゾ

『サヨナラ』ダケガ人生ダ」

この訳の最後の部分「さよならだけが人生だ」が小気味よく響いてくる。

人生はいろいろあるものだ。つらいことも苦しいこともある。しかし、それでも何とか生きていこうよ。前を向いて生きていこうよ。そうすることでわが人生を意味あるものにしていけるのではなかろうか。

033

昔の過ちを咎めず

黒雲おおう空の下で、ちぎれた心はもう癒えた。
昔の過ちを咎《とが》めずにあなたが愛してくれるから。

パル・ヴァンナリーレアク（カンボジアの女性作家）

人間関係をよくしていくコツの一つは、相手の昔の過ちを咎めないということである。

特に相手がすでに十分悔い、反省していることについては、咎めるよりも許す方がどれだけよいことか。

許せる人は力のある人である。愛の大きい人でもある。だから過ちを犯した人はその愛に心から感謝しようとする。

しかし、中には愛が少々足りない人はいる。あるいは心配りが足りない人だ。自分ではそんなに意識していないのに、チクチクと相手の言われたくない過去の汚点を指摘したり皮肉ったりする。相手をへこませる作戦として利用する人もあるかもしれない。しかし得策ではない。

本人が過ちといったん認め、そのことを反省し、さらに出直していこうとするとき求められるのは、しつこい非難ではなく思いやりの心である。

人は必ず失敗するし、過ちもある。それを絶対許さない人は、自らもより大きく失敗し過ちをおかすことになりかねない。

人は、愛し、許す人の方が結局幸せになっていくのである。

034

住みにくい世を上手に生きる法

智に働けば角《かど》が立つ。情に棹《さお》させば流される。意地を通せば窮屈だ。とかくに人の世は住みにくい。住みにくさが高じると、安いところへ引き越したくなる。どこへ越しても住みにくいと悟った時、詩が生まれて、画が出来る。

夏目漱石（小説家）

『草枕』の出だしである。

「山路を登りながら、こう考えた」に続く文だ。

ここで夏目漱石が言いたかったのは次のようなことではないか。

住みにくいのが世の中だけれども、それでも私たちは生きていかなければならないのだ。

なぜ住みにくいのかというと、それは、人は皆個人の考えと感情を持っているからだ。自己愛もあり、我欲もあるのが人間だ。だからどんな場所に行こうとこれは同じである。心を浄化するはずの宗教の世界であっても争いは尽きないではないか。

しかし考えてみれば、こういう世の中だからこそ文学も生まれるし、芸術も生まれるのであろう。

また世の中には自分が愛したい人や可愛い子供、愛すべき動物や植物もあってそれらを大切にしていこうと思うではないか。

035

大切な出会い

一期一会

山上宗二（戦国から安土桃山時代の茶人）

現代語訳

一生に一度の出会いを大切にせよ。

山上宗二は千利休の弟子にあたる

したがって、この一期一会という言葉は、本来、茶道の心得として使われた。つまり茶の席に出るものは、その機会は一生に一度のことと覚悟して、主人も客も誠を尽くすことが大切なのだということである。茶道における緊張と真剣さを求めているのだ。

現代では、この意味がさらに一般化されて、人との出会いの大切さを示す言葉として使われる。つまり、この人と会うのは一生で一度かもしれないではないか。だから、真剣に誠を尽くして接するのだ、という意味である。

たしかに人の一生は人との出会いである。だからその出会いを大切にすることはいい。

しかし、では、どんな人とも付き合うのかというと、それは違う。付き合える人というのは、そんなにいないのである。信頼できる友、親友といわれるような人は一人でもいれば大したものである。三人とか五人とかになれば、この上のない幸せであろう。

036

贈り物

物を贈るには薄くして誠あるを要す。物を厚くして誠なきは人に接する道にあらず。

上杉鷹山（米沢藩第八代藩主）

現代語訳

人に物を贈る時の心得は高価なものであるよりも感謝の気持ちを込めることの方が大切である。また、高価なものを贈っても心がこもっていないのは、人との付き合い方を間違っている。

贈り物の取り扱いは、その人の生き方をも示すことが多い。これは物を贈る方にも物を贈られる方にも言えることである。

一つは贈り物をする相手が誰かによっても、気の使い方、心の込め方がかなり違ってくる。世話になった方やお得意様や可愛がってもらっている方に贈る時ほど気を使うことはない。

河盛好蔵が名著『人とつき合う法』（新潮文庫）で次のように述べているのが参考になる。

「思うに、人にものをおくるには、無造作というのが第一のようである。どんなに心をこめたおくりものであっても、それをあからさまに相手に分からせようとすることは、奥ゆかしいことではないのはもちろん、折角のおくりものの効果が半減する。それは人に恩を売ることにほかならぬ純粋な動機からのおくりものは、相手の悦ぶ顔を見たいというだけが目的のはずだから、それ以外のものを求めてはいけないであろう」

「お早よう」「こんにちは」「おおきに」が言えないような人間関係は、そもそも人間関係ではない。

山本夏彦（コラムニスト）

人間関係はとてもとても難しい。

どんなに偉そうにしている人や著名な人でも当人の心は「さびしいこと」「つらいこと」も多いのである。

「人はさびしき』（文芸春秋）という名著を書いた岩波書店創業期からの大番頭、小林勇は夏目漱石、森鷗外、寺田寅彦、斎藤茂吉ら大文豪と呼ばれる人たちとその妻たちのことなどを紹介しつつ、それぞれの人生がいかに悩みが多かったかを紹介している。

山本夏彦によると、その小林自身、義父岩波茂雄とともに夫婦仲がよくなかったという（『私の岩波物語』文藝春秋）。

こうした大変な人間関係だが、それでもどうにか関係として成り立たせるために人間が考え出したものに、挨拶というものがある。

教育者として名高かった森信三は、親の役割として大きいのが、この挨拶をするように躾けることだと言った。

なぜなら人は、自分がかわいいと思うのが当たり前で、そういう人の集まるのが世の中であり、だから礼儀があり、その中で挨拶がとても大切なのである。

媚《こ》びる者は信頼するに足りず、
諫《いさ》める者は裏切らない。

丁若鏞（李氏朝鮮の学者・詩人）

人は自分に注意する人よりも誉めてくれたりお世辞を言ったりしてくれる人を好むものである。問題は、誉められたり気持ちよくなったりする方の心構えである。リーダーや時流に乗っているような人は難しい。

ある時、成功していると見られていた創業社長に尋ねたことがある。

「なぜ、まわりに太鼓持ちのような人間ばかりを置いているのですか」と。するとその人は言った。

「君も社長になればわかるよ。こんなに気持ちいいことはないのだから」。

私は言い返した。

「それなら社長なんてならない方がいいですね」。

実際、その社長がつまずくと、それまでまわりの媚びる人間たちは何の役にも立たず、ある者は逃げ出した。

いかに好調に見える時でも、誠実に心より正しいことを言い諦めてくれる人は嫌な存在かもしれないが、逆に裏切らない人間なのである。こういう人を大切にすべきであることを忘れないようにしたい。

039

傷つかない心

何人も私がそれを認めないかぎり、
私を傷つけることはできない。

マハトマ・ガンジー（インドの政治指導者）

人は他人の言葉や暴力によって傷つく

言葉によって心を傷つけられて立ち直れない人も多い。人間関係が複雑となり、逆に心を鍛える教育を受けることの少ない現代の人は、案外脆くて、すぐ傷つくとも言える。だから、カウンセラーというプロによる心のケアも求められるようになった。

では、自分で心を強くし、傷つけられない方法はないものだろうか。

一つは瞑想の習慣である。

新渡戸稲造は著書『修養』の中で黙思・瞑想を勧めている。

二つ目は、傷つけられること苦しいこと、その事実から逃げずに打ち勝つ対策を、不断から考えておくことである。

ダライ・ラマ14世は「もしあなたが苦しみに直接向かい合おうとするなら、問題の深さや性質を正しく認識できる、より、有利な位置に、自分を置くことになります」(『ダライ・ラマこころの育て方』ダライ・ラマ14世、ハワード・C・カトラー著、今井幹晴訳)と述べている。

040

思い出の効用

無駄よねぇ、ばあやのことを想い出したりしてるけど……。死んだあとでときどき懐かしむっていうのも、そりゃ良いけど、生きているうちにこそ、心を尽くさなくちゃねぇ。死んだあとで、いったい何の必要があって、思いふけっているの？

パドマワティー・シンハ（ネパールの女性作家）

人は嫌なことやつらかったことは忘れる生きものである。そして、ちょっとしたよい思い出は忘れずにいる。

時の経過は、人を癒してくれる。だから生きていけるという面がある。先に死んでいった近しい人たちのこと、友だちのことは、嫌だったところより愛すべきところこそ思い出し、心を和ましてくれる。嫌だと思っていたことすら忘れてしまうこともある。そして、なぜに自分はその人の生きている間にもっと心を尽くさなかったのかと反省することが多い。身近な人の死は人を反省させ、成長させるのである。

エッセイストの木村治美氏はこう述べる。

「肉親の死を通してのみ、私たちはやさしくなれ、人間的に成長することができるとは、なんと悲しいことでしょう。考えようによっては、親は自分の死をもって、我が子に人間的成長の最後の仕上げをするようなものです」(『エッセイを書きたいあなたに』文春文庫)。

だから私は、死んでいった人たちのことを思い出すことも、今の私たちを見つめたり心のつながりを感じたりでき、決して無駄ではなく、素晴らしいことではないのかと思えるのである。

第 5 章

愛、恋愛

人への尊い思いが
幸せを導く

041

遠くて近きは男女の仲

遠きて近きもの　極楽。舟の道。人の仲。

現代語訳

遠いけれども近くにもなるものがある。それは極楽、舟の旅、男女の仲である。

清少納言（作家・歌人）

清少納言は男女の仲を〝遠くて近きもの〟と情緒的かつ、言い得て妙の表現で示してくれた。

男はみな、母親という女から生まれてくる。男は母親に愛され、わがままに育つ(例外もあるが)。母親こそは絶対的な愛を自分に注いでくれる。

しかし、女は母親と同じでないことをやがて知る。そして男と女の関係の難しさにショックを受け、悶々とする。女の気持ちがわからなくなる。

反対に女は男の考えていることが理解できない。

アメリカ人のある作家は、男と女はそれぞれ別の惑星から地球にやってきた生物だと、うまい表現をした。

ところが、この遠い男女の仲も、お互いの情熱と努力で一変してしまうことになる。愛という相手のよいところを見ていこう、育てていこう、感謝していこう、それを具体的な行動と言葉で実践していこうという熱い心と努力の賜物が、〝近き仲〟をもたらしてくれるのだ。

この情熱と努力がこの世の喜びの一つを実現させてくれるのである。

042

人間好き

ゆるゆるとだきやい候《そうろう》て、物がたり申すべく候。

現代語訳

ゆっくりと二人で抱き合って、寝物語りしよう。

豊臣秀吉（戦国大名）

豊臣秀吉が妻のねねに送った手紙の文章である。

秀吉は女好きであったことは有名である。しかし、じめじめしたイメージが湧かない得な性格である。一つには、ねねを大切にしたこともその理由であろう。「ゆるゆるとだきやい候て」と書いたのは秀吉57歳、ねね46歳の時だという。

織田信長がねねに宛てた有名な手紙がある。現代語訳で次のようなものだ。

「あなたのみめうるわしさ、容姿は、前にお会いしたときより10のものが20のものになるようにきれいになられました。それなのに藤吉郎は何かと不足だという。言語道のとんでもない心得違いをしています。どこを探しても、あなたのような人は二度とあのハゲねずみが出会い求めることはできないでしょう。ですから、これからは気持も明るくもって妻として重々しくし、やきもちを焼くなどしてはいけません」。

信長の秀吉とねねへの信頼と愛情が伝わってくるようだ。

秀吉が人望があったのは、どこまでも人間好きの、しかも人間通だったからであろう。世の中を明るくするのは、どの世界も人間好きであるという前向きさである。

043

秘すれば花

秘すれば花なり。秘せずば花なるべからず。

世阿弥（室町時代の能役者、能作者）

現代語訳

すべてを見せるのではなく、秘密の部分があるように見せる花があっていい。すべてを見せてもう何も残っていないというのは、花がなく興ざめである。

人間の心理はおもしろい。

特に興味があるもの、関心のある人のすべてを知りたい、見たいと欲する。が、すべてを知ったとするとどうか、すべてを見たとするとどうか。興味、関心は前ほど強くなく、魅力も減じたように感じるものである。

世阿弥は芸の道で、この人間の持つ心理法則を見事に分析し、応用しようとする。

私たちは、この世阿弥の教えをすべての人間関係のあり方に活用すべきである。特に男女関係では、絶対役立つ教えである。

男女のつき合いにおいて、自分の過去の性経験などのすべてを語らない方がいい。男女は平等であるし性的欲求も平等だというのは正しいが、要は、これからの二人の関係を良好にしていくことが最も大切なことなのだ。

また、二人の間のセックスにおいても、この「秘すれば花」、すなわち秘密の部分、奥深い何かへの期待は常に残すのが長く続く恋愛の秘訣であろう。

044

最も大切なもの

銀も金も玉も何せむに
まされる宝子にしかめやも

山上憶良（歌人）

現代語訳

銀も金も玉もそんな宝物がいったい何だというのであろう。どんな宝もお金も子供に勝るものはないのだ。

人生で最も大切なものは何か。それは「命」ということになっている。しかし、封建の時代、武士は命より名誉を大事にした。ヨーロッパにおける騎士道もそうであった。では、今の私たちはどうか。私は最も大切なものとして、自分の良き人間関係を挙げたい。

親と子、兄弟、夫婦、恋人、友人、これらの中で自分の命と同じか、それ以上に大切なものが生まれてくる。特に親にとっての子というのは理解を超越している。子が生まれてくるとき、親は、わが命に替えてでも無事な誕生を心の底から願う。

子が生まれてからは、子のすこやかな成長が危険に陥るようなことがあれば、わが命をも差し出してでも守りたいと願う。そうすると、見えてくるではないか。何が大切なのか。

お金も宝石もいい。お金は生きていく程度にはなくてはならない。なければただ働くのみだ。しかし、それらは私たちの人生を、大切にしている者たちとその関係を守り育てていくためにあるのである。

これは、本当は山上憶良の万葉の時代から、いやもっと昔から同じだったに違いない。

045

親子の情

君の出征に臨んで言って置く。吾々《われわれ》両親は、君に満足し、君をわが子とすることを何よりの誇りとしている。僕は若《も》し生まれ替わって妻を択《えら》べと言われたら、幾度《いくど》でも君のお母様を択ぶ。同様に、若しもわが子を択ぶということが出来るものなら、吾々二人は必ず君を択ぶ。人の子として両親にこう言わせる以上の孝行はない。

小泉信三（経済学者）

日本人の特徴の一つに、情はとても深くて厚いのに、その表現を抑制するというのがある。それを見て日本人は何て冷たい人たちなのだろう、と言う外国の人たちがいる。しかし、そうではない。

日本人は内に情が溢れ返っている。しかしそれを表に出すのは美意識が許さなかったのである。特に男同士はこれが強い。

小泉信三の息子信吉にあてた手紙は、手紙の名文として名高い。

これを息子に渡した時のことを次のように書いている。「私は封筒を彼に渡した。彼はすぐ躊躇なく、走り出した車の中で開いて中身を読んだ。二、三度読み返したようであったが、顔を輝かせて『素敵ですね』といい、軍服の胸のフックを外して、封筒を内懐に収めた」（『海軍主計大尉小泉信吉』文春文庫）。

この息子への手紙を収めた著書は、あくまでも私家版としてまわりのごく親しい人にしか配らなかった。

小泉信三の死後、出版されたこの本は、百万部を超す大ベストセラーとなった。そして、読む人をみな感動させたのである。

046
人間とは何か

性欲は食欲同様に、人間にとって欠くべからざる生活の原動力であり、愉楽である。この二つを軽蔑するものは人間の屑である。動物的に、この味覚をむさぼり、味覚には鈍感で、ただ空腹を満たせばよいというものも、人間の屑なのだ。

池波正太郎（作家）

人間は2つの重要な本能とかかわり合いながら生きている。それは性欲と食欲である。

かっこつけの人の中には、これを軽蔑する人もいる。特に性欲について。かつて私もそうであり〝人間の屑〟だった。なぜそうだったのかと言うと、一つには異性とうまくつき合う術を知らないことからくる〝じっと〟だったと思う。もう一つは、強すぎる倫理観があった。

しかし、人間の本能は否定しすぎてはいけないと、だんだんわかってきた。性欲や食欲があっての人間の向上心を含むエネルギーであり文化、文明だからだ。

ただ今度は、人間の学んできた知恵として、その本能を程よくコントロールし、よりよい人間社会をつくっていこうということの大切さもわかってきた。

要は、その調度よいバランスを身につけられる人が素敵な人なのである。

私は国民的作家としては夏目漱石、吉川英治、司馬遼太郎、藤沢周平、そして池波正太郎の5人をいつも挙げている。要素として①読者の支持の多さ、②人間としての魅力・度量、③バランスの良さを見る。

047

愛の継続法

愛し方は変化して行っても
互に愛し合う気持ちは変わらない。

志賀直哉（小説家）

男女の愛は続かないことが多いと思われている。

しかしそれは男と女、双方の努力が足りないことも原因となっている。

志賀直哉は名作『暗夜行路』の中で、主人公時任謙作に「常燈明《じょうとうみょう》」を例に愛の継続法を述べさせている。

つまり燃えているろうそくはいつかは燃え尽きる。しかしその前に第二のろうそくを準備しておくのだ。そして第三、第四、第五と前のろうそくが尽きる前に灯をつけていこうというのである。このろうそくとは、相手を気づかい思いやることだ。

志賀直哉の全集が岩波書店から出された時、『暗夜行路』を書いているころの日記も公開された。男女関係についてももちろん書かれている。それを読んだ友人たちが、志賀直哉夫人に「読んでみなさいよ。凄い内容だから」とそそのかした。

しかし、夫人も志賀直哉も別のろうそくに灯をつけてきた。二人は互いの気づかいを怠ることなく生きてきたのだ。だから、過去のことを言われても動揺はなかった。

男女の愛というものは、お互いがいつまでも相手に怠らずに気をつかい合えるかどうかにかかっているのだ。

048

子どもにしてあげること

父親のやるべきことは、
子に財産を残すことではなく、
教育を身につけさせることである。

李擧根（李氏朝鮮時代末期の儒学者）

文の国・韓国では、父親は子に教育を身につけさせることを第一の役割と考えるのを伝統とした。

たしかに子どもにたくさんのお金や財産を残しても、それをうまく活用できるかはわからない。また、単に財産を頼りに生きていく志の低い子になるかもしれない。だから父親としてまずやるべきことは、子どもに正しく生きるための力をつけてやることとなる。すなわち精神面の教育と、学校における基礎学力の教育である。

受験勉強主義の弊害が言われてきた日本は、その厳しさでは他の東アジアの国々に比べると大したことはないらしい。

では、精神面の教育はどうだろうか。

戦前の家庭教育がすべていいとは思わないが、少なくとも道徳や礼儀について厳しく躾けるという点では優れていたといえる。

なお財産については、親としてはいくらか子に残してあげたいと思うのが人情だが、日本には世界一残酷な税制が控えていて、そう簡単ではないのが現実だ。

だから、そういう意味でも子の教育にもっと力を入れた方が得策といえるだろう。

049

家族愛

親の愛は天のように高く、地のように深く、その満ち溢れる恩徳は言葉では表せないほどである。子が親を敬うこと以上の道徳はない。

世宗大王（李氏朝鮮第4代国王）

家族の愛、特に親子の愛ほど貴いものはない。

理屈を超える愛である。

親の子への愛を表現しきる言葉は見つからない。しかし、言葉は必要である。天のように高く、地のように深くとは喩えることができる。

儒教は、親への孝行を大切にする。

幼いころより論語などを学ぶのがよいのは、この親への尊敬と孝行が血肉のように身につくからである。孔子は言った。

「君子は本を務む。本立ちて道生ず。孝悌なる者は其れ仁の本たるか」

つまり、「立派な人物には、根本のことに努力しなければならない。根本がしっかり定まればその先の道もしっかと進めるのだ。親思い、兄弟思いが仁（最高の徳）の根本となるだろう」ということだ。

『論語』教育は現代の家庭教育でも必須のものとしたい。

家族の愛は今も人間社会の最高の道徳、かつ替えがたい宝物なのであることを忘れずにいたい。

050

本当の幸せとは何か

父と母を扶養し、妻と子を愛し守り、質素な生活を送ること、これが幸せというものである。

釈迦（仏教開祖）

人は欲が大きいと心を苦しめることになる。なぜなら、それを満足させることは大変なことだし、満たしたくてもさらに欲が大きくなっていって際限がないからである。

幸せというのは心の充ちたりた様子であり、心の安定である。何が一番心を充たすのかというと、それは自分の家族とまわりの友人たちとのよい関係であろう。

そのよい関係をつくるのに大切なことが質素な生活であり、シンプルな生活である。大きな富や財産、派手な生活は、必要のない争いや嫉妬で人を醜くしてしまうことも多いのである。

しかし、若い時にこのことに気づくかというと難しい面がある。

向上心に燃え、青雲の志を持ち、名を成したいと思うのも若き人の自然の姿である。正義感も強く、この正義感が自分の幸せな日常を捨ててでも行動を起こすこともあるからだ。これによって世の中が動き、変わることもある。

幸せというのは、本来は、もっと地に足がついたささやかなものであるというのが、心の充足・安定を考えた釈迦の考えであったのであろう。

051

一日を大切に生きる

あなたが虚しく過ごしたきょうという日は、きのう死んでいったものがあれほど生きたいと願ったあした。

趙昌仁（韓国の作家）

人は毎日死に向かって生きている。しかしそのことを意識する人は少ない。死はずっと先のことであって、今日一日を無為に過ごしてもそれを反省することすらしないのである。

ところが幼くして、あるいは若くして死と直面しなくてはいけない人たちもいる。医学が進んだとはいえ、まだまだ治療法を見い出せない難病も多いのだ。白血病もその一つである。

明日死ぬかもしれないという恐怖と、過酷な治療で体を極限まで痛めつづける時、一日を生きのびることの大切さを知るという。特に、幼い子や十代二十代の若い人たちにはあまりにもつらいことだが、彼らこそ人生の意義をよく理解するようになるという。

韓国でベストセラーとなった小説『カシコギ』（趙昌仁著、金淳鎬訳、サンマーク出版）は、10歳の白血病の男の子と父親の感動的な物語である。父親は子に問われ、幸せとは何かを答える。

「愛する人と一緒に暮らすこと、そして愛する人のために尽くせることさ」と。

052

愛と勇気

もしかしたら、愛のうしろには、破滅が待ちかまえているのかもしれない。でも人は、その結果に立ち向かう勇気を持たなくてはいけない。

プラムディア・アナンタ・トゥール（インドネシアの作家）

愛とは、ある面ではいても立ってもいられないほどの思いであろう。自分が大切に思う人や大切にするものに対して体を張って守り育てようという心と実践である。

そこには当然障害もあるかもしれない。思うような結果が出ないかもしれない。しかし、ただ手をこまねいているだけでは、愛する人も愛するものも永遠に失われるかもしれないではないか。

愛は行動・実践でもある以上、そこには勇気が求められるのである。親子の愛、男女の愛から自国への愛国心まで同じことである。

愛とは、このようにじっとしていては守られないし、育たないものでもあるのだ。行動する勇気をもたらすのも愛の強さである。

男女の愛の告白だって、大きな大きな勇気がいるくらいなのだから。

其《そ》の美しき者は自ら美《うつく》しとし、吾《わ》れ其の美しきを知らざるなり。其の悪《あ》しき者は自ら悪しとし、吾れ其の悪しきを知らざるなり。

荘子（中国戦国時代の思想家）

現代語訳

美人は自分を美しいと自惚れていて、私は美しいとは思わない。美人でない人は、自分を器量がよくないことを知っていて奥ゆかしいので、私は器量がよくないなどとは思わない。

男は度胸、女は愛嬌と言われたりする。

男の魅力の一つは、まさに度胸である。

私はこれに加えて、男は気概とエネルギー、それに優しさ、思いやりが兼ね備わった人間がいいと思う。男の一番の役割は元来、外での闘い、狩りであった。今では仕事である。そして、次に女を守りいたわる優しさと思いやりだ。

男も見た目の良さを基準にいいと思う女もあるが、その選択はおそらく間違っている。

見た目のよさは長く付き合っているとどうでもよくなるものだ。根本に気概とエネルギーのある人で、誠実な人柄、優しさと思いやる人が長くつき合ううちにだんだん良さがわかってくる。他方、力のない男、人を見る目のない男ほど女を器量の良し悪しで選びがちとなる。

しかし女の最大の魅力は愛嬌であり、可愛らしさ、恥じらいを持っていることである。

054

家族の絆

（これらの女性たちは）女性を抑圧している因習的な農村社会から逃げ出しているのではない。むしろ、困窮の度を深めている農村経済のもとで、家族を支えるためにと、計算してこの仕事を選ぶのである。彼女たちがそうするのは、農村社会における慣習によって、家族を支えるために収入を得るという重大な責任が女たちに課せられているからなのだ。

パスク・ポンパイチット（タイの作家）

おもしろいといっては不遜かもしれないが、経済的に豊かな家、そして国は家族の結びつきが弱くなっていって、貧しい家、そして国は家族の絆がとても強い傾向にある。

アジア、特に東南アジアはこれまで貧しい人たちの階層が多かった。特に農村部はとても貧しい。そのため、家族が生活していくのに若い娘たちに頼ることになる。なぜなら学歴も技術も何も身につけていない者にとって、手っ取り早く、しかもたくさんのお金を稼げるのは、〝女〟であることを商品にすることだからだ。

バンコクは現在世界一の〝歓楽都市〟と呼ばれている。

ベトナム戦争時には、米兵たちが〝休息〟を取るためにやって来た。これが一つの大きなきっかけともなった。

アジアの女性たちは、「家族のために」という一心で、工場や夜の世界でいっしょうけんめい体を張って働くという。何が喜びかというと自分の稼いだお金で家族が豊かになっていくことだ。だからいったん仕事に就いた以上、悩むヒマもなく働くのだ。ただただ家族の笑顔を見たいためにである。

第6章

志を立てる

一度きりの人生を
意義あるものにする覚悟を

055

足るを知れば恐くない

足《た》るを知れば辱《はずか》しめられず、止まるを知ればば殆《あやう》からず。以《も》って長久《ちょうきゅう》なる可《べ》し。

老子(中国春秋時代の思想家)

現代語訳

足るを知れば失敗して恥ずかしい思いをしない。止まるを知れば危険に陥いることはない。

この世は競争社会だが、何を求めて生きるのかという、人生の価値をどこに置くかは人それぞれである。

競争社会を否定するのも非現実的だが、勝った負けたと騒ぐのも見苦しい、かつ人を不幸にする。競争は、見方を変えれば人生の楽しいゲームである。

競争を楽しむのだという心がけが欲しい。そして自分自身の価値観をしっかり決め、そこを一番大切にしつつ、生きていくのだ。これが「足るを知る」「止まるを知る」の極意ではないだろうか。

「お金だ」「名誉だ」「地位だ」とばかりに生きていく人は、人としての品性に欠けやすい。そのうえ、いつか失敗したりすべてを失うことにもなりかねないのだ。

老子の教えは、競争社会での歯止めがきかなくなりやすい、行きすぎた人たちを戒めてくれる。

本当に大切なものは何か。

自分が人生で大切に育てたいもの、守りたいものは何か。

それをしっかりと固めておきたいものだ。

056

失敗に打ち勝つ

諸君は必ず失敗する。成功があるかもしれませぬけど、成功より失敗が多い。失敗に落胆しなさるな。失敗に打ち勝たねばならぬ。

大隈重信（政治家）

現代語訳

皆さんはこれからの人生において必ず失敗することがあるはずだ。成功することもあるだろうが、成功よりも失敗が多いにちがいない。しかし失敗に落胆してはいけない。失敗に打ち勝つことが大切なことなのだ。

大隈重信といえば幕末から活躍した維新の志士であり、また明治時代の政治を動かす重要人物の一人でもあった。政党内閣の首相も務めている。

しかしそれよりも、現在よく名が知られているのは早稲田大学の創立者としてであろう。

失敗を恐れるな、と若者たちを励ました。失敗は志があるから、前に進もうとするから起こることである。

失敗のない人生は成長もない人生なのだ。

人は失敗に学んでより大きくなれる。

真に役立つ人間となれるのである。

だから「失敗に落胆するな、失敗に打ち勝て！」と声を掛けたのだ。

大隈は、情熱の人、愛の深い人だったのだろう。だから、若者たちにも慕われ続けてきたにちがいない。

057

仕事は自分で見つけるもの

仕事は自分で見付けるべきものだ。
また職業は自分でこしらえるべきものだ。
その心掛けさえあれば、仕事、職業は無限にある。

豊田佐吉（豊田自動織機創業者）

自動車工業において世界のトップを走るトヨタの創業者、豊田佐吉は、大工の子として生まれ、少年時代から大工の修業をしていた。

13歳のとき、父の請け負った小学校の修理作業を手伝っていたときにサミュエル・スマイルズの『自助論』に出会った。当時日本中で読まれた中村正直訳『西國立志編』、つまりスマイルズの『自助論』を、あるクラスの先生がお昼休みの時間に生徒に読んで聞かせてあげていた。それを豊田は教室の外で聞き入ったのだ。

そして後日その先生宅を訪ねて行き、先生に『自助論』の本をプレゼントされたという。それを何度も読んだ。ここから豊田は発明家を志し、幾多の苦難を乗り越え、自分の力だけで豊田自動織機を完成し、その名を世界に知られたのである。

「仕事は自分で見つけるべきもの」という考えは豊田の自らの人生から得た教訓だったのである。このことは仕事がどれだけ複雑になろうが、専門的になろうがまったく変わらないことである。

仕事に不満を持つ人は多い。自分によい仕事が与えられないと嘆く人もいる。しかし、それは違う。仕事は自分でつくるものであり、見つけるものなのである。よい仕事が回ってこないという発想は、仕事ができないものの言い訳にすぎない。

058

長所と短所

人を用いて候《そうろう》には
その長所をとりて短所に目を付け申さず

荻生徂徠（江戸時代中期の儒学者）

現代語訳

人材を登用するには、その長所を見て行うようにすべきで、短所を見ないようにすべきである。

人には必ず長所と短所がある。

自分ではこの長所と短所はわかりにくいが、他人からはわりによく見える。人づき合いのうまい人の特徴は、他人の短所を見るよりも長所に見る傾向の人である。

そしてリーダーとして秀れている人は必ず、部下の長所を見てそこを伸ばしていくのがうまい人である。

戦国武将で例を見るとわかりやすい。人の長所を見るのが最もうまかったのはやはり豊臣秀吉であろう。盗賊か武士かわからないような蜂須賀小六を情報収集や人員集めで才能を発揮させたりした。

人は、自分の長所を認めてくれ誉めてくれる人のためには、何としても役立ちたいと思うものだ。

戦国時代に一、二を争う強さと言われた立花宗茂は、ほんの小さな山城の武将にすぎなかった。しかし認めてくれた豊臣秀吉に恩義を感じ、仲のよかった加藤清正らの誘いを断り関ヶ原で徳川方と戦った。家康に憎まれるが、さすが家康である。時がたつと長く義人生活を送る宗茂の才能を認め、息子秀忠の教育係としてスカウトするのである。徳川家康も人の長所を見ることのできる男だったということである。

059

石橋を叩くと渡れない

新しいことをやろうと決心する前に、こまごまと調査すればするほどやめておいたほうがいいという結果が出る。石橋を叩いて完全を確認してから決心しようと思ったら、おそらく永久に石橋は渡れない。やると決めて、どうしたらできるかを調査せよ。

西堀栄三郎（技術者・登山家）

「石橋を叩いて渡れ」とよく言われる。

しかし時と場合によるであろう。

いつも石橋を叩いていたら新しいことへの挑戦はできなくなる。

会社を起こす時はベンチャー精神が必要である。

特に資本主義の社会では、このベンチャー精神に溢れる起業家たちが次々に出現してくれることが健全な社会なのである。

それは過去を忘れ無視し、今までとは全くちがった新機軸を創始し、やりぬく実行力のある企業者の試行錯誤（トライ・アンド・エラー）こそがポイントなのだ」（小室直樹著「資本主義の革新」日経ＢＰ社）。

では、石橋を叩いて渡る時とはどんな時だろうか。

企業で言うと、次のリーダーを選ぶときだ。

それは組織の行方を委ねる判断となるため、石橋を叩くほどに慎重なことが必要となるからだ。

やってみせ、言ってきかせて、させてみて、ほめてやらねば、人は動かじ。

山本五十六（大正・昭和前期の海軍軍人・連合艦隊司令長官）

現代語訳

自分がまずやってみせて、そして言ってきかせて、させてみて、結果が出たら褒めてやらないと、人は（部下は）動かないものである。

連合艦隊司令長官山本五十六は部下思いのリーダーであった。人間的魅力ははかりしれず、また軍人としての能力も高かった。

山本五十六の考え出した真珠湾攻撃に、作戦を間違えたとして批判する人もある。しかし、そもそも山本五十六は米英との戦争は絶対やってはいけないという考えをもっていた。力が違いすぎるという冷静な判断である。そして実際に反対の運動もかなり行ったそうだ。

軍人である以上、国家の決定には従わざるを得ない。やらなければないなら自分が現場で機動部隊を直接指揮し、徹底的に米軍とその施設を叩いておきたいと願った。

小国日本が大国アメリカに挑んだ戦争の緒戦、ハワイ真珠湾攻撃を成功させた力は、山本五十六というリーダーの下に部下たちが必死に訓練し、当時世界最強の精鋭機動部隊をつくりあげたということがあったろう。

そのリーダーのあり方を、山本五十六は自ら率先しつつ教え、そして誉めてあげることが大切だといった。素晴らしいリーダーは自らが先頭に立ちつつも、部下の成長を願う心豊かな人なのであろう。

061

気概と志

男児《だんじ》志を立てて　郷関《きょうかん》を出づ
学若《も》し成る無くんば　復《ま》た還《かえ》らず
骨を埋《うず》むる　何ぞ期せんや　墳墓《ふんぼ》の地
人間到《いた》る処《ところ》　青山《せいざん》有り

月性（江戸時代末期の志士・僧）

現代語訳

男子たる者、いったん志を立てて、故郷を出ていくからには、それが実現しないかぎり再び帰ることはない。

骨を埋めるのは、先祖の墓のある地でなくてもいい。

世の中どこにでも青々としてよい山があるではないか。

たった一度の人生である。

その人生をおもしろく、そして意義あるものにしてみたいというのが若い心であり、志を持った生き方というのであろう。

気概のある人、つまり自分の目指す生き方を持ち、何としてもやり遂げるぞ、という覚悟ある人がどんどん出てほしい。世の中をよくしたい、そのために役立つ自分になりたいという志を持ちたい。

私たちにもまだやらなければいけないことは、たくさんあるのではないだろうか。

一人ひとりの人間が幸福を目指し、それが実現できる社会の構築を、我々がやるべきではないのか。できるのではないか。

特に若者たちには世界に出て学んで世界でも活躍していってほしい。

それがこれからの日本の若者のあるべき姿の一つではないか。

062

ピンチは上昇の始まり

運がよくなくても悲観するな。悪い条件がかえってプラスになることが多いものだ。運命というものは、与えられるものではなく、みずからつくり出し、切り開いていくものだ。

井植歳男（三洋電機創業者）

不運な時、ピンチの時こそ自分が大きくなる、強くなる、成長する一番の時といえる。なぜなら、不運やピンチが見舞った時に何とか切り抜けていく方策を見出し、そのための力を必死でつけていった時、人は前のレベルよりも数段上の力を身につけていることになるからだ。

こうした考え方でいれば、井植歳男も言ったように、運命というのは自らつくり出し切り開いていくものだという心構えもできてくる。

井植は義兄松下幸之助のナンバー2として松下電器の創業、発展を支えたのち、三洋電機を創業した。

しかし、最初の工場は完成直後に火事を起こし焼失した。すべてを失ったかに見え、気力も何もなくしてしまった幹部たちに向かって井植は言った。

「工場の社員は全員無事か。ケガはなかったか。よかった、よかった。工場はまた立て直しすりゃいい。いちから出直しや」。

社員たちは井植の膝の上で男泣きしたという。何が何でも大将を男にしてやろうと誓ったという。

063

自分を知る

「現在、私はみなさんの絶大な支持を受けています。しかし、私は神ではなく、また魔法使いでも手品師でもありません。ただの人間にすぎません。天に住む人間ではないのですから、私にはひとりの人間としての能力しかありません。私は若輩者です」

アウン・サン（ミャンマーの独立運動家）

人の能力に限界はないという言い方は、ある意味正しい。決意、意欲が強ければ成し遂げられることもあるからだ。だから、夢や希望をあきらめてはいけない。ただ、ある場面では、自分の能力の限界をよく知り、自分を抑制することが必要である。それは人々の上に立つ時である。しかも人々の支持を得て、英雄扱いをされている時はなおさらである。

アウン・サンはミャンマーの英雄であり、イギリスからの独立を進めた時の国民のリーダーだ。彼が歴史上の革命のリーダーたちと異なるのは、その信じられないほどの謙虚さである。アジテートなことは何も言わない。自分のことを若輩者と呼び、ただ一人の人間としての力しかないと言う。

ミャンマー国民はアウン・サンの誠実さと謙虚さを愛したが、権力を狙う人々は多い。結局アウン・サンは暗殺される。

英雄とも言われるリーダーの心構えは難しい。アウン・サンは、日本の歴史上の英雄で言えば西郷隆盛に近いとえよう。

自分の能力と人気の高さに溺れない自己コントロール力に、ミャンマー国民は今も尊敬するのである。

もし君がいなかったら、俺は馬を取り返すことができなかったと思う。分け合おうよ。よかったと思う。分け合おう

チンギス・ハーン（モンゴル帝国の初代皇帝）

乱世を生き抜く力とは何か。マキャベリは『君主論』で言う。それは「パワーと知恵」の二つである。しかしもう一つ加えていいのではないか。

それは「僚友を持つ」ということである。

織田信長は天下をほぼ統一しかけたが、明智光秀の裏切りにあってしまった。負けない武将の一人として君臨した武田信玄は「人は石垣、人は城、人は堀、情は味方、仇は敵」(甲陽軍鑑)というその有名な言葉にあるように、部下や仲間を大事にした。だから無敵とも言われる強国をつくった。

同じく豊臣秀吉も竹中半兵衛や黒田官兵衛のみならず多くの武将に慕われた。

モンゴル帝国の基礎を築いたチンギス・ハーンも力だけの男ではなかった。知恵に加え僚友を大事にし、分け前も惜しまなかった。『モンゴル秘史』(東洋文庫)には少年テムジン(チンギス・ハーン)が生涯の僚友となるボオルチュと盗賊から馬を奪い返したときの会話を紹介している。

まさに乱世で生き抜く男の資質を備えていたのである。

065

行動していくことが重要

水際に立ち、
水面を見つめているだけでは、
海を渡ることはできない。

ラビンドラナート・タゴール（インドの詩人）

人間というのは無謀なこともやるが、夢のようなことを次々に実現していく凄い存在である。

私が、海を見て、これを渡ってよその国へ行こうと願っても、一人ではすぐに行けるはずもない。

しかし、海を渡りたいという意欲があり、何とかしようと努力し、人に話していくうちに、工夫を続けるうちに、少しずつ実現に近づき、多くの人の協力を得て、現実化していくのだ。

泳ぐのか、船やいかだで渡るのか、飛行機のように空を飛んで渡るのか、いろいろ工夫する。出発は意欲することであり、その上で実践し、工夫し、そして絶対あきらめないでやり続ければ、ほとんどのことは実現する。

もちろん、人の協力は不可欠だ。

ということは、このようなやり方をすれば、人は確実に成功することができる存在になるということだ。

意欲、実践、工夫の連続とあきらめないことが大切だ。

眺めているだけでは、何事も成しえない。行動していこう。

066

胸焦がしつづけたい

人生の意義は、
「何をなすか」ではなく、
「何をなそうと
胸を焦がすか」である。

ハリール・ジブラーン（オスマン帝国時代の詩人）

もちろん結果というものは気になるところである。

しかし、実際、その結果は生きている間にわからないことのほうが多いものだ。歴史に残ったり、世の中を変えたり、人々に語り継がれるほどの芸術や文学などといったものは、ほとんど当人が生きている間にその成果などわからないものだ。

それでも私たちは、やる。打ち込む。

それは胸焦がすほどの熱い思いで生きたい、チャレンジしていきたいからである。

言い換えれば、そのように生きていくべきではないか。

せっかくいただいた生である。

自分という人間、それほどのものではないかもしれない。たぶんそうだろう。

だが、わが人生に悔いなし、と言えるほどやってみたいものではないか。

胸を熱く焦がすものを見つけ、打ち込んでいきたいではないか。

すると、その過程で素晴らしい出会いもたくさんあるに違いない。

こうして一時も無駄にできない人生を送れるだろう。

067

世の中を動かすもの

あなたの行動は、
取るに足りないことかもしれない。
しかし、「行動すること」、
そのことこそが重要なのだ。

マハトマ・ガンジー（インドの政治指導者）

何が世の中を動かしているのか。

一国の首相あるいは自称英雄たちか。あるいは著名な学者や言論人だろうか。よく見ると彼らは、その時代に影響も与えるが、影響を受けていることのほうが圧倒的に多い。いわば時代の申し子のような存在だ。

結局、世の中を動かしているのは、一人ひとりの志と行動の集積なのである。

あなたの声と行動だけは確かに取るに足りないことかもしれない。

しかし、その声と行動は、必ず何らかの影響をまわりに与え、必ず共鳴する者が出てくる。

不思議と必ずどこからか、あなたと同じ行動をとる人たちが出てくる。

だから一国の政治のレベルは、私たちの一個人のレベルの反映であるとサミュエル・スマイルズや福沢諭吉が言い、そのとおりだと日本の明治の若者たちが動き、世界史を変えた。

私一人の行動は、こうしてただ自分を決めるだけでなく、世の中をも決めていくことにつながることを覚悟しておきたい。

第7章

日本から世界

まず日本を知り、
世界に羽ばたいていく

問題は「信念」なのだ。自らに対する信頼と矜持《きょうじ》に他ならない。

李登輝（台湾の政治家）

今の私たち日本人に欠けているものは何か。それは何とかよくしていくぞという信念に基づいた行動ではないだろうか。戦後の日本は経済発展という僥倖《ぎょうこう》に甘え、偉そうな評論とコメント、そして学術をする人たちの群を生んだようだ。

なぜ、日本は戦後発展したのか。それは、わずか何千万国民しかいない日本が西欧諸国と戦えるだけの矜持があったからだろう。「絶対に負けない」との信念を持つ人たちが多かったからだ。時の流れに任せてしまって日本人の誇りや矜持まで失ってはならない。自らの生きる道もしっかりと見据え、具体的に行動すべきなのだ。

元台湾総統、李登輝は言った。

「日本は、私から見ても非常に堅苦しく、また硬直したものに感じられる。多くの学者の友人たちがいるが、彼らは誰もが勉強家で真面目である。しかし、それは勉強のための勉強にすぎない。現実の社会を見据え、その問題点をはっきり認識し、日本をよくしたいという信念をもって積極的に社会に問いかけていく。そのようなことが学者に求められるのではないか。大事なのは信念をもち、行動を起こすことである。その信念に基づいて少しは社会に向かって声をあげてみるとよい」(『台湾の主張』、PHP研究所)。

069 惻隠の心

惻《そく》隠《いん》の心無きは、人に非《あら》ざるなり。
羞《しゅう》悪《お》の心無きは、人に非ざるなり。
辞《じ》譲《じょう》の心無きは、人に非ざるなり。
是《ぜ》非《ひ》の心無きは、人に非ざるなり。

孟子（中国戦国時代の儒学者）

現代語訳

人の悲しみに同情しない者は人間ではない。間違ったことを恥じることがない人も人間ではない。謙虚さのない人も人間ではない。善いことと悪いことがわからない人も人間ではない。

新渡戸稲造は著書『武士道』の中で、孔子、孟子を紹介しつつ、第五章「仁、惻隠の心」の中で次のように書き出していく。

「愛、寛容、愛情、同情、憐憫《れんびん》は古来最高の徳として、すなわち人の霊魂の属性中最も高きものとして認められた」と（矢内原忠雄訳、岩波文庫）。

また「惻隠の心」、すなわち人の悲しみに同情するという心は「仁」の端緒《たんしょ》であるという孟子の教えは「道徳哲学の基礎を同情に置きたるアダム・スミスに遠く先んじて、孟子はすでにこれを説いたのである」（前掲書）とも述べている。

すなわち日本人の伝統的なよき心は、孟子のここに紹介した一節が長い間に渡って浸透してきたことにあると解しているのだ。

私も心からそう思う。

日本人こそ、この惻隠の心を大切にする人たちなのである。だからやたらむやみに人を殺したり、戦争を起こしたりしない。また他国を侵略したりしない歴史を有しているのだ。ここが西洋諸国や中国の歴史との大きな違いといってもいい。

070

かくすればかくなるものと知りながら已《や》むに已まれぬ大和魂《やまとだましい》

吉田松陰（江戸時代後期の思想家・教育者・兵学者）

現代語訳

こうすればこうなるとわかっていても（赤穂浪士たちが吉良上野介にカタキを撃てば切腹になると）、そうしなければならない、やむにやまれない大和魂というものがあるのだ。

「大和魂」を説明するのは難しい。

使う人が偏るとまさに軍国主義的精神を示す言葉ともなる。心ない昭和の軍人と、それを煽《あお》った新聞マスコミの罪は大きい。

しかし、そもそも大和魂というのはそういうものではないだろう。

大和魂というのは日本人の精神、それもよき精神のことを指すのであったにちがいない。

吉田松陰は純粋かつ国を想い人を想い、いかにしてこの世をよくしていくかを想った人である。人の長所を見て伸ばすまさに大愛の人であった。だからこそ松下村塾から日本を変える志士たちも育っていた。

松陰の辞世には、道義を倫理を貫くためには命をも惜しまないという心の高まりを赤穂浪士の討ち入りに見出し、これこそが「やむにやまれぬ大和魂」ではないか、自分もそう生きて死んでゆくのだという清々しさと気迫を受けるのである。

天災は忘れた頃にやって来る。

寺田寅彦（物理学者・随筆家・俳人）

大きな地震や津波が起きると、この言葉が必ずといってよいほど引き合いに出される。

寺田寅彦は熊本中学時代、英語教授として赴任してきた夏目漱石と出会う。そして俳句を始めるなどの影響を受ける。また、漱石の小説には寺田寅彦らしき、あるいは寺田寅彦に学んだ知識のようなものがいくつか登場する。

有名なのは『三四郎』に出てくる野々宮宗八という理学生だ。これは寺田寅彦をモデルにしたとも言われている。

漱石と親しいということもあってか、寺田は俳人としても、文筆家としても画家としても活躍した。

文章も読みやすく適確である。しかも説得的である。〝天災〟というと、防ぎようのない災害のようだけれど、〝忘れたころにやって来る〟という言い方は、しかし本当に適切な予防措置、対応措置はあるぞという警告でもある。

だから、名言として人々は語り継いでいるのだ。

072

日本人の教育

そう。私どもには学校教育があった。それもなかなかのものだ。私どもは「十戒」のうち少なくとも八戒は、母の膝にいる間に父の口から学んでいるのである。力は正義ではないこと、天地は利己主義のうえに成り立っていないこと、泥棒はいかなるものでもよろしくないこと、生命や財産は、結局のところ私どもにとり最終目的にはならないこと、その他多くのことを知った。

内村鑑三（江戸時代中期の学者）

キリスト教徒である内村鑑三が、西洋で「私たち西洋人が諸君を訪ねるまで、諸君は日本でどのような学校教育を授けられていたのであるか」と度々聞かれて、いつも答えていたのが右の言葉である。

クラーク博士の札幌農学校で同じように学び、キリスト教徒になった新渡戸稲造が『武士道』で日本人の誇りを説いたのと同様、内村鑑三は『代表的日本人』の中で日本の道徳教育の素晴らしさを説いて回った。内村鑑三は続けて言う。

「学校もあり教師もいたが、それは諸君の大いなる西洋にみられ、今日わが国でも模倣しているような学校教育とは、まったくちがったものである。まず第一に、私どもは、学校を私的訓練の場とは決して考えなかった。修練を積めば生活費が稼げるようになるとの目的で、学校に行かされたのではなく、真の人間になるためだった。私どもは、それを真の人、君子と称した。英語でいうジェントルマンに近い」(『代表的日本人』鈴木範久訳、岩波文庫)。

戦後失われた日本の教育の美徳を再び研究し、取り入れることも必要なのではないかと思えて仕方ない。

073

日本の神様

わが国の神は此《こ》の世に生れ来て
かみのこころをおこなひし人

乃木希典（明治時代の陸軍軍人・陸軍大将）

現代語訳

わが国の神様は、この世に生まれて来た人たちの中で、神様のような心を行った人のことをいう（尊敬すべき先達の人たちも皆、神様である）。

日本には神様がいっぱいである。

私も小さいころから氏神様や山の神様や海の神様に手を合わせていた。お天道様にも、仏様にも、神木と呼ばれる木々にも尊敬の念を抱いてきた。

日本には宗教はないという。欧米の人たちや、また欧米の宗教学を基本にした人の見方であるならばそうなるのかもしれない。

しかし、キリスト教徒になった新渡戸稲造『武士道』や内村鑑三『代表的日本人』が、日本人には素晴らしい道徳があるんだと声を大にして叫んだのは、日本人の宗教観というのが欧米のものとまったく違うということを示したかったからである。

つまり日本人は、自分たちのまわりの素晴らしい自然、そして見習いたいほど尊敬する人たちを神様と考えるのである。

『宗教がない』と批判する人が日本のよさをわかっていないだけのことだ。

乃木希典の軍人としての資質を批判する人もいるが、一つの凛とした素晴らしい生き方を日本人に見せてくれた。だから私たちは乃木希典も神社に祀り（乃木神社）、神様として拝むのである。

074

英雄

たとえ先行き不透明だろうと、人物払底だろうと、われわれよりは少し賢い政府、指導者の舵取りで暮らしたいものである。安易にこわもての英雄をもとめたりすると、とんでもないババを引きあてる可能性がある。

藤沢周平（小説家）

藤沢周平の小説が人気があるのはこういうことではないだろうか。うだつのあがらない生活に追われる武士がいる。まるで自分だ。人生はつらい。しかし、淡々と生きていく。そしてある日事件が起き、巻き込まれてしまう。しかし剣は若いころ相当なもので、これが最後の最後に悪を斬る。おお、たいしたものと人が認めてくれる。

藤沢周平は英雄嫌いで有名だが、こうした名もないヒーローも私たち庶民にとっては英雄の一人と言ってよいだろう。

誰もが英雄と認める織田信長に対しては好き嫌いが分かれる。子どものころ初めて買って読んだ本が「織田信長」だったので、私は秀吉と並んで贔屓《ひいき》であった。

しかし、やはりこういう狂気のリーダーは、いくら時代を変える天才児、英雄であろうともその下で働きたくはないものだと大人になって思うようになった。

075

非暴力の思想

人類は非暴力によって、暴力から脱出しなければならない。憎悪は愛によってのみ克服される。憎悪に対する憎しみをもってすることは、ただ憎悪を深める。

マハトマ・ガンジー（インドの政治指導者）

「目には目を、歯には歯を」というのがハムラビ法典以来の人間の典型的な発想法である。「やられたら、やり返せ」だ。しかし、これは問題の根本的解決には至らないという人がいた。それがインドが生んだ偉人ガンジーである。

イギリスによるインドの植民地支配を無抵抗主義という逆転の発想で勝ち得たこのリーダーは、世界史の中でも特異の英雄であろう。

私たちは人類永遠のテーマであるかもしれない非暴力への思いを学びつづけるべきであろう。たとえ今は不可能であるにしても、いつの日にかその日が世界をおおってくれる日を夢見るべきであろう。

とりあえず個人の関係において暴力に暴力をもって処することは避けたい。暴力の人にかかわることは得策ではないからだ。気概を持って生きることは大切だが、相手にしない方がよい人もいる。憎悪を捨てることはどうか。

愛で包み込むというのは難しいにしても、とりあえず憎悪を捨てること、忘れることはできる。

もし自分に愛の力が湧きあがってきて、その力で克服できれば、それが理想であることは間違いない。

076

挑む勇気

大きな理想に挑まない人生は意味がない。
それは、建造物にも使われることのない
荒野の石ころのようなものである。

ホセ・リサール（フィリピン独立運動の闘士・医師・作家・画家）

フィリピンの英雄ホセ・リサールは、スペインの植民地支配を批判し抵抗運動を行った。最後は捕らえられ、刑死した。

そのリサールを尊敬するフィリピンの人々はその勇気を讃え、今もリサールの志を忘れない。

ホセ・リサールの人生は壮絶だった。

死をもってフィリピンの国民の気概を喚起した。その名は永遠に忘れられることはないであろう。

こうした歴史的な行動とまでは言えないまでも、私たちが人生に理想を持つこと、その理想に挑んでいくことは必要なのではないだろうか。

自分の目の前の小さな範囲かもしれないがそこから始めて、自分の考える理想を求めて一歩ずつ進みたいと思う。自分を理想に向けて成長させることを忘れずにいたいと思う。それが私たちの人生をさらに意味あるものにしていくことは間違いないであろう。

077

人生の気概、民族の気概

この小径《こみち》はこれまで幾たびとなく人が歩んだものだ。
ただ、これまでの道行きと違うのは、
これが道標《どうひょう》を立てる旅だということである。

プラムディア・アナンタ・トゥール（インドネシアの作家）

個人主義の伝統の薄いアジアの人々は、まわりの人たちと横並びで歩む傾向が強かった。特に日本人は伝統的に〝横並び主義〟と言われ、「赤信号、みんなで渡れば、こわくない」という文句まで生み出したことがあるほどだ。

しかし日本人がいつもそうかというと、そうではない。

ここぞという時には「千万人といえども我行かん」、すなわち、こうやることが正しいと自分の心が命ずるならば、千万人が反対しようとも恐れずに前進するのだという孟子の教えのような人たちが出現するのである。

民族の気概であり、人生の気概を示すのである。

インドネシアはオランダから独立を勝ち取った国だ。苦しい道のりだが、自ら道標を立てつつ、その旅を続けている。

自分の考えで、自分の足で、これは我々の道なのだと続く人たちに示したい。それが人間の誇りであり、気概を生むのではないか。

いつも他人の思うように自分の人生を左右されては人間とは言えないのではないか。こうして私たちは私たち自身の道を歩み続けるのである。

独立と自由ほど貴いものはない。

ホー・チ・ミン（ベトナムの指導者・革命家・ベトナム民主共和国初代大統領）

人類が分岐点を持ったのは、一般の人つまり国民全員に自由と独立を認めた時からである。

それはまず、アメリカのイギリスとの独立戦争の勝利、それに続く独立宣言（1776年）に始まった。

それに大きな影響を与えたのがベンジャミン・フランクリンであった。彼は、アメリカのインディアンであろうと黒人であろうと、人間はこの世で幸せになるために生まれてきたのだと述べている。

しかし、自由と独立は口先では認められない。もちろん個人の幸福もそうだ。

そこには、日本の福沢諭吉も述べたように、一人ひとりが学問に励み、まじめに働き、自立する人間とならなければならないのである。つまり勤勉な国民であることが自由と独立の基礎となるのである。

中国や欧米との関係に明け暮れたベトナムにおいても、ホー・チ・ミンが本好きの勉強家で、質素で誠実のかたまりの指導者であったこと、それを国民が尊敬したことが自由と独立の勝利をもたらす原動力となっていったのである。

079
使命感を持って働こう

一本のピンもその働きは国家につながる。

豊田喜一郎（トヨタ自動車創業者）

豊田喜一郎はトヨタ自動車の創業者とされている。

もちろんそうではあるが、トヨタの源流は喜一郎の父佐吉から流れている。

自動車についても佐吉が喜一郎に次のように言って資金を出し、始めさせたという。

「これからのわしらの新しい仕事は、自動車だ。立派にやり遂げてくれ」

「わしは織機で国のためにつくした。お前は自動車をつくれ。自動車をつくって国のためにつくせ」

こうしてトヨタは、国の発展のために車をつくるのだと経営の方針を固めることで出発した。

今、トヨタは発展につぐ発展で、世界のために貢献することになっている。環境について考え、安全性について考え、そして工場を世界各地につくり、雇用で貢献している。

喜一郎の言う「一本のピンもその働きは国家につながる」という使命感、労働観が世界一のトヨタを支えている。

第 8 章

夢や希望

未来に向かって
情熱を燃やし続ける

080
本物の男の魅力

世に生《せい》を得るは事《こと》を為《な》すにあり。

坂本龍馬（江戸時代末期の志士）

現代語訳

この世に生まれてきたのは、志を実現するためである。

坂本龍馬ほど人気のある歴史上の人物はいない。龍馬人気の大きな原動力となったのが、司馬遼太郎の『竜馬がゆく』（文春文庫）である。

有名な結びの文がある。

「天に意思がある。

としか、この若者の場合、おもえない。

天が、この国の歴史の混乱を収拾するためにこの若者を地上にくだし、その使命がおわったとき惜しげもなく天へ召しかえした。

この夜、京の天は雨気が満ち、星がない。

しかし、時代は旋回している。若者はその歴史の扉をその手で押し、そして未来へ押しあけた。」

龍馬の魅力は、世間一般にあちこちに見られる口先だけ大きなことを言う人間とまったく正反対のところにあるという点だろう。

大きな志を実現するために頭と心と足を使い切る。しかも私欲というものは、どこかに置いてきたような感がある。そして世界を見る雄大な心。愛らしくもある。

081

好きなこと、得意なことを見つけて打ち込む

私は金をいじるのは不得手《ふえて》だから、人にやってもらう。私は不得手なことはやらず、得手《えて》のことしかやらないことにしている。人生は「得手に帆をあげて」生きるのが最上だと信じているからである。

本田宗一郎（本田技研工業創業者）

本田宗一郎は鍛冶屋の息子で、小さいころから機械いじりが好きで器用だったという。

自分の好きなことが見つかれば、そしてそれを仕事にすることができれば、最高の幸せである。しかし問題は、好きなこと得意なものを見つけてから、それを育てていけるか伸ばしていけるかである。本田宗一郎は言う。

「こうして発見した得手なものを、大事に育てることが大切である。育てるといっても、その得意なものを『井の中の蛙大海を知らず』式に、自分の小さな中でいじりまわしているだけでは大成しない。それでは早くから小さく固まってしまい、融通性も弾力性もなくなるので、後で気づいたときには、どうにも動かせないデクの棒になってしまう。

そうなってからでは手遅れである。若さも、新しい創意の芽も、全然期待できないだろう。得意なものは、厳しく練磨しなければならない。甘やかしては向上が止まる。創意と工夫を加えて研究することである。広い視野に立って、失敗を恐れずテストを繰り返しながら、創造していくところに、進歩があり飛躍があるのだ」(『得手に棚をあげて』三笠書房)。

私だけの人生がある

この道より我を生かす道なし
この道を歩む

武者小路実篤（小説家）

現代語訳

私の選んだこの生き方こそが私を生かしてくれる道ではないか。あれこれ迷わず、この選んだ人生をしっかりと励み、前進していこうではないか。

高校生のころ、勉強にもスポーツにも異性との付き合いにも自信がなかった私が飛びついたのは、武者小路実篤の本であった。

まず顔もたいしたことない。そして文章はまるで私にも書けるのではないかというくらい読みやすい。しかも、いつも何らかしら悩みがある。これは大作家でも私に近いではないか。しかし、この大作家は必ず居直るのである。自分を鼓舞し、自分に自信を持たせていくのである。

誰が何と言おうと、私の人生は私だけしか生きられない。私の選んだ人生こそ、大切だし、価値がある。顔や頭が悪かろうと、能力に欠けるものがあろうと、それは関係ない。自分の人生をしっかりと歩んでいけばいいのだ。人の生き方をうらやむのはナンセンス。こう慰められた。

私は突然、納得のいく生き方をしようと決めた。

大学も、成績が悪いからと言ってそれに合わせた学校選びは拒否した。大学を卒業する時も会社の名前で就職することを拒否した。

私を少々愚か者にし、ガンコ者にもしてくれたこの武者小路実篤の言葉に、私は支えられて生きてこられたとも言える。

083

楽しみを見つける

総じて、人は分相応《ぶんそうおう》の楽しみなければ、又精《またせい》も出し難《がた》し。これに依《よ》って、楽しみもすべし、精も出すべし。

恩田杢（江戸時代中期の信濃松代藩家老）

現代語訳

人は、自分に合ったそれなりの楽しみがないと、精を出してがんばれるものではない。だから、自分の楽しみを持ちつつ、一所懸命がんばっていきたいものだ。

生き方上手とは自分の楽しみをうまく見つけられる人のことを言うのではないだろうか。

仕事が本当にできる人は、忙しい中にも仕事以外にも自分の好きなことや楽しみを見つけては、それを励みに生きる意欲を高めていく。

楽しみがあってそれを気持ちの切り替え、エネルギーの一つとして活用しているのである。どんな優れたエンジンでも休ませないと働き続けられない。オイルの交換も重要なのである。

私が心配しているのはこの楽しみを見つけられない人がいるということだ。特に男に多い。

男は生き方が不器用だから、できたら若いころからくだらなくてもいいのでいくつかの楽しみを見つけていった方がいい。

ちなみに私はどうか。人から見るとくだらなくて笑われるが次のようなものだ。「弁当をつくって野球やラグビーの観戦に行くこと」「(安くて)うまいワインを見つけて一人飲むこと(ウンチクなし)」「土筆、野イチゴ、山栗、その他山菜を採って食べること」「手紙を書くこと、もらうこと」などである。

084

幸福

最もよく人を幸福にする人が、
最もよく幸福となる。

立石一真（オムロン創業者）

幸福とは何かを説明することは難しい。しかし、人を喜ばせることをしている人が幸福でないことはありえないのではないか。

ただし、まだすべてに幸福でないという状況はあるだろう。それを改善していくこと、未来に自分をよりよく活かしていくことは、人のために役立つことをどれだけしているかにかかるのではないだろうか。

私は三十代で母を、四十代で父を亡くした。私が親不孝であったことは間違いない。親を喜ばせることなど最後までできなかった。だから大きな後悔が残っている。この点を見ると私は不幸かもしれない。

では、残された私にできることはないのだろうか。両親がいないならば他人のために、自分ができることを一つひとつやるしかないではないか。

立石一真はオムロンの創業者である。「人を幸せにする人が幸せになる」という理念で企業を成功させた。松下幸之助も「世の為、人の為になり、ひいては自分の為になるということをやったら、必ず成就します」と言っている。

私も「人を幸福にするために生きるのだ。それが私を生かす道だ」と毎朝唱えている。

085

今、何をすべきか

未来は、
「今、我々が何をするか」にかかっている。

マハトマ・ガンジー（インドの政治指導者）

突然という言葉を人はよく使うが、私たちの人生や歴史においては、突然ということはまったくといっていいほどない。

何らかの原因があって結果がある。その原因は、自らつくり出していけば、結果も、未来も、私たちが関与していける。

すべてを思い通りにしてはいけないかもしれないが、必ずある程度の方向に未来を方向づけていける。ある程度と言ったが、その程度も、私たちの今あることのレベルに応じていくものである。

未来は決して一時のことではない。

ずっと続いていく。

ということは、今、未来のためにすることで、より未来を私たちの考えている方向に近づけていける。

世の中全体は、多くの人生の行為の集積によっていくから、確定ではないところがあろう。

しかし、自分自身の未来については、すべて自分の思い通りにしていけるはずである。

086

飛翔

あなたは翼を持っている。
それを使うことを学び、
そして、飛び立ちなさい。

ジャラール・ウッディーン・ルーミー（トルコの詩人）

人はあるとき、飛翔するという。

ルソーや三島由紀夫もそう説いた。

たとえばナポレオンや坂本龍馬を例に、そのことを論じる学者もいる。

その人は、まるで、翼を持っているかのように、あっという間に飛翔し、成長するというのだ。

これを青春時代に限るという人、いやそうではなく、その自分の翼を信じ続け、見つけたときに飛び立つのであって、年齢は関係ないという人もいる。歴史的に見ると後者が正しいようだ。

自分の翼を見つけ、飛び立つにはどうしたらいいか。

坂本龍馬は剣道から始めた。塾の勉強もだめな泣き虫は剣の道から国を変えていく英雄へと変わっていった。

西郷隆盛は、農政についての意見、農民など弱い者たちへのシンパシーが自分の大きな翼となっていった。

こうしてみると、最初は大したことのない人でも、自分の中にある最大の武器を伸ばしていくことで、自分の翼を見出していくきっかけになるのがわかる。

087

未来を信じて

過去のことは教訓とすべきであるが、
未来に向かって進むべきである。

マハティール(マレーシア第4代首相)

人が何とか生きていこうと意欲するのは、未来を信じて希望を持つからである。過去のことを教訓にするのはたしかに大切なことである。しかし、マルチン・ルターも言うように、この世を動かす力（よくしていく力）は希望なのである。未来を信じ、未来をよくしようとするから教訓も生きるのだ。教訓や反省ばかりの人生では何も生み出すことはできない。これからが大切なことを忘れてはいけない。

マレーシアの首相を長年務めその近代化を進めたマハティールは、戦後の日本の経済発展を見て、いわゆる「ルックイースト」政策を打ち出し、実践した。経済を発展させ、教育水準を高め、欧米諸国に負けない国づくりを目指してきたのである。だから、当時の日本の首相が「反省」ばかりを口にし、未来へ向けての政策や責任を取ろうとしないことは許せないことであった。「世界の富から利益を得ていながら、世界に対し責任を負わないということはできない」と言うのである。

「自分にできない」とか「自分は悪い」とばかり言うのは逃げの人生でもある。未来に向かってやるべきことをやるのが重要なのだ。

第 9 章

本物の力

強い信念、心意気が
人を動かす原動力となる

088
勇気ある決断力を持て

勇気ある決断力のない人は役に立たない

島津斉彬（第十一代薩摩藩主）

島津斉彬《なりあきら》は幕末の君主で最も英明と言われた。

西郷隆盛を見出し、育てた人である。

斉彬が薩摩の藩主時代に鹿児島でやろうとしていたことは、明治政府の政策そのものであると言う人もいる。

井伊直弼に牛耳られた幕府政権に異を唱え、挙兵しようとしたが志なかばで病に倒れ、若くして死んでしまった。暗殺されたという説も根強い。

その斉彬が、勇気ある決断力のない人は役に立たないと述べている。

右の言葉は、アメリカのペリーに開国を迫られたときに、幕府は筆頭老中阿部正弘の提案で広く意見を求めたのだが、そのときに寄せられた意見を読んだ上での感想である。

そこに、その場をしのいで、先延ばしにしようという日本人の一つの弱点を見たのである。

そして、勇気を出して問題の本質に切り込んで解決していこうという人こそ、役立つ人であると考えたのだ。

089

やればできる

それにもまして人間というものは、
ある決意のもとに事を進めていけば
大体何事でもやれるものだという教訓を、
この鉄道からわれわれは教えられたような気がする。

島秀雄（鉄道技術者・宇宙開発研究者）

開発されてすでに半世紀以上にもなる新幹線だが、その間、事故による死者を一人も出さず、常に先進の技術を生かし、世界で注目され続けているというのは、奇跡のようなことである。

今、新幹線に似たものは、世界のあちこちでつくられているが、日本の新幹線にかなうものはない。もちろん島秀雄が引っ張った新幹線の技術もそうだが、ＪＲのみならずそのレールをつくる鉄鋼会社、乗客の人々も加えた日本人の総合力が成せるものである。

例えば、新幹線のレールは重くて丈夫だが、日本でしかこのレベルのものはつくれない。また、今、世界のＭＢＡなどで注目の新幹線の清掃会社「テッセン」だが、マナーのよい乗客のお陰で車両はいつもきれいなため、あっという間に清掃できるのだ。こうして日本人のビジネスマンや多くの人々が、新幹線というものをつくりあげているのである。

まさに島の述べる「人間というものはやればできる」ことを、日本の新幹線の事業の成功は教え続けてくれる。

090

実行こそが大事

アイデアの良い人は世の中にたくさんいるが、
良いと思ったアイデアを実行する
勇気のある人は少ない。

盛田昭夫（ソニー創業者）

アイデアは実行してこそアイデアとして生きる。

アイデアがあっても、そのまま言うだけではアイデアと言っていいのかわからない。泡のようにすぐ消えて、そんなことを言ったことさえ忘れてしまいかねない。

アイデアを実行に移すためにはどうしたらよいであろうか。

まずは、紙の上に書いてみることだ。パソコン上に残すのでもいい。

しかし、そのオリジナルは、人に利用されない工夫がいる。

今の時代、アイデアが実現していくことになれば、ややこしい権利関係が発生する。他人のオリジナルを平気で自分の物と言う国や人で一杯だからだ。そのため、そのオリジナルのアイデアを日々改良する過程もキチンと残しておくとよい。

また、実行するにおいては信頼する人に話をして手伝ってもらうのがよい。そのためにもよい人間関係をつくっておくことだ。

すなわち、井深大のアイデアを盛田昭夫が実現してやるといったような強い信頼関係だ。

091

利他の精神を持つ

他人の繁栄をはからなければ、
みずからも栄えない。
個人や企業の繁栄が、
そのまま社会の繁栄へとつながっていく。

吉田忠雄（ＹＫＫ創業者）

日本の経営者、特に創業経営者で大きく成功した人の経営哲学を聞くと、素晴らしいものがある。

逆に言うと、こうした素晴らしい経営哲学を持っているからこそ大きく成功するのである。吉田忠雄もその一人である。

吉田のような創業者が生まれ続けるかぎり、日本のビジネス、そして経済は明るいだろう。逆に、自分や自分の家族、仲間うちだけが儲かれば何をやってもいいという人が多いと、その社会も、国も、未来はひどいものとなっていくだろう。

社会が繁栄せず、他人が繁栄しなくなると、自分も繁栄しようがなくなるのは当たり前のことだ。

この当たり前のことがわからず、目の前の自分の利益を追う人というのは、それまでの人でしかない。

そんな人ばかりになると想像するだけでも索さく漠ばくとした、沈滞した社会、国家となる。

他人や社会の繁栄と自らの繁栄を一致させて考えられる人が、自然と大きな仕事をしていくことになるのである。

092

知恵と汗を出そう

会社で働くなら知恵を出せ。
知恵のないものは汗を出せ。
汗も出ないものは静かに去って行け。

土光敏夫（実業家）

右の言葉を聞いた松下幸之助は、「これじゃ会社は潰れる。とにかくまず汗を出すこと。その汗の中から知恵が出る」と言ったとか。

そこはサラリーマン社長の土光敏夫に負けたくない創業社長としての意地があったのかもしれないと感じる。だが、土光もまず知恵を出せとは言っても、汗をかかなくてよいとは言っていない。

松下は体が弱かったので、義弟の井植三兄弟たちに汗をかいてもらったが、一杯知恵を出している。

土光が言いたかったのは、自分にできる精一杯のところで知恵や汗を出していこうということだろう。

低迷の東芝を再建したカリスマ性はいわゆる行政改革でも活かされ〝土光行革〟として名高い。めざしが好きで、テレビで有名となり、〝めざしの土光〟として清貧ブームにもつながった。

皆で力を合わせて仕事を向上させていこうという飾らない生真面目さで大組織をまとめていく姿は、やはり立派であったといえる。

093

気迫があってこそすべては始まる

活力・気迫がなければ、
善も悪も、是も非もない。

安岡正篤（思想家）

安岡正篤は、歴代首相の指南役あるいは昭和の師などと言われ、多くの政界、財界人に尊敬された。

東洋思想の研究者でありながら、日本の政治、経済の行く末にも強い関心を持ち、そしてリーダーを教育していった。

また、「平成」という年号は安岡が考えたものであるとも見られている。

欧米の学問を広く修め天才と呼ばれた、安岡とはタイプが全く違うある学者がいたが、人としてのあり方については安岡と同じことを言っていた。

「人間、気迫、心意気があってなんぼです」と。

どんなに学問を修め、立派な知識、知恵が一杯になったとしても、活力、気迫がないと何をやってもだめだということである。

具体的に安岡がすすめる活力、気迫の出し方が面白い。

朝、目が覚める。そして「ヨシッ」「やるぞ」と勢いよくガバッと起きるのである。

これだけでも活力、気迫が出てくるはずだ。

094

心の入った技術が本物を生む

技術の上手下手ではない。
その心が人をうつのだ。

小澤征爾（指揮者）

小澤征爾氏は、本当に人に恵まれている。

それは単に運がよいということだけではなく、人に好かれる性格を持っていたことも大きかったのだろう。小澤氏には、何かよいものを生み出すようになる光るもの、心の輝きがあるとまわりに思わせたのだ。

だから師の齋藤秀雄に見出され、世界的巨匠のカラヤンやバーンスタインにも可愛がられて抜擢された。

世界に飛び出し武者修行をするのも、今では当たり前のようだが、当時においてはその行動力とアイデアの大胆さは目を見張るものであった（『ボクの音楽武者修行』新潮社）。こういうところに小澤氏の心の強さ、豊かさが垣間見える。

小澤氏の演奏はＣＤで聴くより、演奏会の現場で、その心を直接感じるほうがより素晴らしいのであると思う。やはり彼は技術以上に心を大事にしているからだ。

もちろん、心に裏打ちされて技術も超一流となっていくのである。まず心ありきである。

095

信念があれば必ず何とかなる

人間は知と行だけではダメだ。
そこには必ず誰にも負けないという信念が必要だ。

五島慶太（東急創業者）

信念というのは、必ずやるという不動の思いである。

不動の思いだから、決してやめない。

だから必ず何とかなるようになる。

名君として名高い上杉鷹山は「為せば成る、為さねば成らぬ何事も、成らぬは人の為さぬなりけり」という名言を遺している。

つまり、「やろうと思えばやれる。できないと思えば何事もできないだろう。できないのはただ人がやらないだけのことである」ということだ。

もちろん上杉は小さいときから学問好きで一生懸命に勉強し、行動力にも優れていた。

だがそれ以上に大切なのが信念だとわかっていたのだ。

だから、信念があるかないかで、できる、できないが分かれるのだとした。

五島慶太は負けず嫌いらしく、「誰にも負けないという信念」と強い言葉で信念を語っている。

096

反省はしても、引っ込む必要はない

人様に、しかられたくらいで、
引っ込むような心臓は持ち合わせがない。

白洲次郎（実業家）

誰だって人に叱られたり、非難されたりしていい気分はしない。

人によっては落ち込んで、引っ込んでしまうこともある。

しかし、それでは世の中つまらない。つまらないだけでなく停滞し、あるいは後退する。

白洲次郎のように自分の生き方に自信を持っていこうではないか。

あれこれ人が言ったって、引っ込むような心臓は持ち合わせがないと自分に言い聞かせていればいい。そしてたまには人に向かってそう言ってやればいい。

すると、面白いもので、自分も他人もそう言っている自分を見直し、「ほう、やるもんだね」となってくる。

もちろん、反省はしなくてはならない。その上で、やっぱり自分のやることはこれであると決めたら、人にいくら言われようが、やり抜くまでだ。

結果が出なければ、それでまた何かしらの動きがあるだろう。

自分を貫いていくうちに結果も出てくるものだ。

097

今自分にできる最高のものを出す

自分が死ぬまで、
一生を通して作品を作っていくのだから、
今できる最高のものを、
その時あるがままの状態で見せたいと思ったわけです。

奈良美智（画家・彫刻家）

とっておきのアイデアや全力での仕事を、いつか大きな仕事が来たときのために出し惜しむという人もいると思う。

しかし、一生輝き続け、どんどん伸びる人というのは、今できる最高のものを、自分のあるかぎり出してしまう人である。

よく言われるように、力やアイデアは井戸のようなもので、出さないと次々と湧いてこない。与えられた仕事に全力を出していくことで、次の新しいものが湧き上がり、力もついてくるのだ。

それが一生を通してよい仕事をする秘訣の一つでもある。

今の自分では最高のものはつくれないかもしれない。しかし、理想のもの、最高のものを出そうと努力することで、次に伸びていく何かをつかんでいるのである。

今、自分にできる最高のものを出さない人は、いつになっても本当の最高なものができなくなる恐れが強い。そのときには井戸が枯れてしまっていることになりかねないのだ。

せっかくの才能を枯らせてはいけない。

098

数字をあげて目標を立てる

私はいつも数字をあげて目標を掲げます。

藤田田(日本マクドナルド創業者)

銀座のユダヤ人と自らを称した藤田田は、日本マクドナルドを成功させた人として有名であり、ユニークな商人であった。

しかし、その人生成功法則はとても手堅く、目標設定には必ず数字をあげていた。外に向けてはアイデア豊富で宣伝上手といった面を見せ、いつも注目されるタレントのような言動であったが、その経営哲学は、常にしっかり計算したものがあった。

個人の貯金にしても、若いときは月三万円、年をとってからは月一五万円と毎月続けていると、銀行の信用もつき貯金も億を超えて、減ることはなかったという。

藤田を見ると、案外、人は簡単に億万長者になれそうである。

だがそのためには、目標や数字を決めたら、それを絶対死守するという意志の強さが必要なのである。

それを継続すれば、あなたも億万長者になれるのは間違いないだろう。

099

人間本来無一物の境地

およそ人間の地位や名誉、財産ほどくだらないものはない。わしは無一文で生まれてきたのだから、無一文で死ぬのが理想だ。

矢野恒太（第一生命保険創業者）

矢野恒太が喝破《かっぱ》するように、本来人間は無一文の裸で生まれてきている。地位、名誉、財産というのはたまたまの付き物のはずである。

しかし、従属すべきこれらのものは、一人ひとりの人生にとって重要となる。本来従物であった地位、名誉、財産が主物のようになっているのが現実である。

その現実で、矢野のように地位、名誉、財産を手に入れたものが、人間の本当の姿は、地位、名誉、財産なんかじゃないのだ、人間そのものなのだと言えるのは大したものだ。

やはりこれは、地位、名誉、財産を手に入れたから言えることだ。

それを見て格好つけやがってと思う人もいるだろう。人間の本来の姿を正しく見られる人は、そんなにいないだろう。真剣に人生について考えて、仕事でも成果を出した人にしてはじめてわかることなのだ。

このような人に育てられる後進の者は、幸せなのではないだろうか。

100

許す強さ

弱い者ほど相手を許すことができない。
許すということは、
強さの証なのだから。

マハトマ・ガンジー（インドの政治指導者）

私にはどうしてもわが人生で許せない人が何人かいる。これは私の弱さを示している。ただ弱い人に向かって許せないと感じたことはない。人を傷つけ、平気でいて、他人にいばる人がいると、すぐケンカをする。これはやはりまだ私が弱いからなのである。

いわゆるクレーマーというのは弱い人の別称ではないのかと思ってしまうときがある。相手が何を言っても反論しにくい立場の人に対してのみクレームをつけていたりするからだ。大騒ぎすることではないのに、自分の弱さを世間に見せて、ひとり叫んでいるかわいそうな人に見えてしまう。

夏目漱石の武者小路実篤への手紙は、私が好きなものの一つで、よく引用もする。

「武者小路さん。気に入らない事、癪《しゃく》に障る事、憤慨すべき事は塵芥《じんかい》の如くあります。それを清める事は人間の力で出来ません。それと戦うよりも、それをゆるす事が人間として立派なものならば、出来るだけそちらの方の修養をお互いにしたいと思いますがどうでしょう」

私も漱石に、ガンジーの言葉に学び、そうなりたいと願っている。

【著者紹介】
遠越 段（とおごし・だん）
東京生まれ。早稲田大学法学部卒業後、大手電器メーカー海外事業部に勤務。1万冊を超える読書によって培われた膨大な知識をもとに、独自の研究を重ね、難解とされる古典をベースに現代の漫画を読み解いていく手法を確立。著書に『スラムダンク武士道』『スラムダンク論語』『スラムダンク孫子』『スラムダンク葉隠』『ザッケローニの言葉』『ワンピースの言葉』『ゾロの言葉』『ウソップの言葉』『桜木花道に学ぶ“超”非常識な生き方48』『人を動かす！　安西先生の言葉』『20代のうちに知っておきたい読書のルール23』『世界の偉人×賢人の知恵 すごい名言100』（すべて総合法令出版）がある。

東洋の偉人×賢人の知恵
心に響く名言100

2023年1月26日　初版発行

著　者　遠越段
発行者　野村直克
発行所　総合法令出版株式会社
〒103-0001 東京都中央区日本橋小伝馬町15-18
EDGE小伝馬町ビル9階
電話　03-5623-5121
印刷・製本　中央精版印刷株式会社

落丁・乱丁本はお取替えいたします。

ISBN 978-4-86280-887-5
総合法令出版ホームページ　http://www.horei.com/